# Rousseau

Roberto Gatti

# Rousseau

EDITORA
IDEIAS&
LETRAS

DIREÇÃO EDITORIAL:
Marlos Aurélio

CONSELHO EDITORIAL:
Avelino Grassi
Fábio E. R. Silva
Márcio Fabri dos Anjos
Mauro Vilela

TRADUÇÃO:
Alessandra Siedschlag

COPIDESQUE:
Ana Rosa Barbosa

REVISÃO:
Leo Agapejev de Andrade

DIAGRAMAÇÃO:
Tatiana Alleoni Crivellari

CAPA:
Tatiane Santos de Oliveira

Título original: *Rousseau*
© Editrice La Scuola, 2013.
Via Antonio Gramsci, 26
Brescia (Italia)
ISBN: 978-88-350-3538-1

Todos os direitos em língua portuguesa, para o Brasil, reservados à Editora Ideias & Letras, 2015.

1ª impressão

Rua Tanabi, 56 – Água Branca
Cep: 05002-010 – São Paulo/SP
(11) 3675-1319 (11) 3862-4831
Televendas: 0800 777 6004
vendas@ideiaseletras.com.br
www.ideiaseletras.com.br

**Dados Internacionais de Catalogação na Publicação (CIP)**
**(Câmara Brasileira do Livro, SP, Brasil)**

*Rousseau* / Roberto Gatti;
[tradução Alessandra Siedschlag]
São Paulo: Ideias & Letras, 2015.
Série Pensamento Dinâmico

Título original: *Rousseau*
Bibliografia.
ISBN 978-85-5580-000-9

1. Rousseau, Jean-Jacques, 1712-1778
I. Título. II. Série.

15-08820                                         CDD-194

**Índice para catálogo sistemático:**
1. Rousseau: Filosofia francesa   194

"Só depois de me haver lido
é que poderá alguém julgar
se a natureza fez bem ou mal
em quebrar a forma na qual me moldou."

(*Confissões*, I)

# Sumário

## I. Biografia | 9

## II. Análise das obras | 19

1. *Discurso sobre as ciências e as artes* | 21
2. *Discurso sobre a desigualdade* | 28
3. *O contrato social* | 45
4. *Emílio* | 70
5. *Emílio e Sofia, ou os solitários* | 86
6. *A profissão de fé do vigário saboiano* | 93
7. *Júlia, ou a nova Heloísa* | 108
8. Entre utopia e história: os escritos sobre | 115
Genebra, Córsega e Polônia

## III. Conceitos-chave | 123

## IV. História dos efeitos | 151

## Referências bibliográficas | 187

## Índice onomástico | 205

# I. Biografia[1]

---

1 Uma primeira versão, aqui revista, desta nota biográfica apareceu no *Contrato social*.

*Biografia* **11 |**

Jean-Jacques Rousseau nasce em Genebra, em 28 de junho de 1712. Fica órfão de mãe, que morre ao dar à luz, e vive com o pai, Isaac. Lê, além de *romans*, Bossuet, La Bruyère, Fontenelle, Molière, mas sobretudo Plutarco, "minha leitura preferida", como recorda em *Confissões*[2]. Quando, em 1772, seu pai, Isaac, deixa Genebra após uma violenta contenda, Jean-Jacques é confiado ao pastor Lambercier em Bossey, na vizinhança de Genebra. Volta à cidade dois anos depois e vive com seu tio, Bernard, trabalhando como aprendiz de escrivão, e depois aprendiz de gravador.

Aos dezesseis anos, foge de Genebra; sob recomendação do pároco de Confignon, fica em Annecy, na Savoia, e pede proteção à Mme. de Warens, que o envia ao colégio católico do Espírito Santo de Torino, onde abjura do protestantismo e se converte ao catolicismo (abril de 1728). É admitido como lacaio primeiro da condessa de Vercellis, e depois do conde Solaro di Gouvon.

---

2   ROUSSEAU, J.-J. Confessions, em: *Oeuvres Complètes, Sous la Direction,* de B. Gagnebin e M. Raymond. Paris: Gallimard, 1959-1995 (cinco volumes), vol. 1, pp. 8-9 (livro 1). Todos os escritos de Rousseau serão citados nesta edição, seguindo-se ao título o número do volume em numerais romanos e as páginas. Além disso, será informada, entre parênteses, a referência ao número do livro e/ou do capítulo dos escritos, para facilitar a localização das citações ou das referências para quem for utilizar edições diferentes ou traduções.

|12

Desempregado, vagueia com seu amigo Bâcle e volta a Annecy na primavera de 1729; tem aulas de música com o maestro Jacques Le Maître. Volta a viajar inquietantemente e, depois de passar breves e sucessivas noites em Lyon, Friburgo, Lausanne, Neuchâtel, Berna, Soleure, Paris e novamente Lyon, volta a ser acolhido, no outono de 1731, por Mme. de Warens em sua casa em Chambery – onde ficará, salvo breves períodos, até 1740. Lendo as *Confissões* (livro VI), temos muitas indicações importantes desse período, a respeito de sua formação intelectual, além de seu método de estudo e de trabalho: ele lê "alguns livros de Filosofia, como *Lógica* de Port-Royal, o *Ensaio* de Locke, Malebranche, Leibniz, Descartes"[3]; aprende Geometria usando os escritos dos padres Lamy e Reynaud, e também latim, recorrendo à obra *Nouvelle Méthode Pour Apprendre la Langue Latine*, do port-royalista Lancelot[4]. Ele se interessa por história, por geografia, por astronomia[5].

Em 1742, parte para Paris, onde conhece, entre outros, Fontenelle, Marivaux, Diderot, Condillac, e o abade já ancião de Saint-Pierre; frequenta o salão de Mme. Dupin. Publica uma *Dissertação sobre a música moderna* (1743). Torna-se secretário do conde Montaigu, embaixador da França em Veneza; mas é uma experiência que dura apenas de setembro de 1743 a agosto de 1744, interrompida por fortes

3   *Cf. ibid.*, p. 237 (livro VI).
4   *Cf. ibid.*, pp. 238-239.
5   *Cf. ibid.*, p. 240.

*Biografia* **13|**

diferenças com o embaixador. Volta a Paris: inicia sua relação com Thérèse Levasseur. Em setembro de 1745, apresenta seu balé *As musas galantes*. Trabalha como secretário na casa Dupin. Em 1747, estreia sua comédia *O compromisso temerário*. D'Alembert o convida a escrever alguns artigos sobre música para a *Encyclopédie* (1749). Entre outubro de 1749 e março de 1750, escreve o *Discurso sobre as ciências e as artes* como resposta ao concurso proposto pela Academia de Dijon, cujo tema era assim apresentado pelo *Mercure de France*: "Se a restauração das ciências e das artes contribuiu para purificar a moral". Vence o prêmio, e no inverno de 1750 o *Discurso* é publicado. Entre junho de 1751 e abril de 1752, seguem as respostas às inúmeras contestações e críticas a este escrito, movidas pelo abade Guillaume-Thomas Raynal, pelo rei da Polônia Estanislau Leszczynski, por Frédéric-Melchior Grimm, por Charles Bordes e Claude-Nicolas Lecat. É durante esses anos que Rousseau decide mudar seu estilo de vida, sob a marca da austeridade: privando-se de todos os sinais de "luxo" que condena em seus escritos, escolhe se manter copiando música. Na primavera de 1752, compõe *O advinho da aldeia*, apresentada com sucesso em Fontainebleau, na presença de Luís XV, nos dias 18 e 24 de outubro. A comédia *Narciso ou o amante de si mesmo*, encenada em 18 de dezembro, não teve a mesma sorte. Entretanto, é importante o *Prefácio* composto por Rousseau para a

| **14**                                                   *Rousseau*

edição impressa, que se apresenta como uma defesa posterior do primeiro *Discurso* ("um dos meus bons escritos"[6]). Publica a *Carta sobre a música francesa* (1753), em que a música francesa é asperamente criticada; a *Carta* provoca uma dura polêmica. Decide responder à nova questão do *Mercure de France*: "Qual é a origem da desigualdade entre os homens e se ela é autorizada pela lei natural"[7]. Daí nasce o *Discurso sobre a origem e os fundamentos da desigualdade entre os homens*, redigido entre o fim de 1753 e junho de 1754, publicado em abril de 1755.

Em junho de 1754, junto a Thérèse, Rousseau volta a Genebra e adere novamente ao calvinismo:

> *Cheguei nesta cidade, abandonei-me ao sentimento republicano que a ela me trouxe e, sentindo vergonha de estar excluído de meus direitos de Cidadão por proferir um culto diverso daquele dos meus pais, resolvi retomar abertamente este último[8].*

Em 1755 sai, no volume V da *Encyclopédie*, seu artigo *Economia política*. Em 1756 ainda está na França e é alojado por Madame d'Épinay na pequena casa chamada Ermitage, perto de Montmorency. Aqui, empenha-se no trabalho de compilar os escritos, editados e inéditos, de Bernardin de Saint-Pierre e escreve, a propósito destes, dois *Julgamentos*: um sobre o

---

6   Assim Rousseau a define. Confessions, em: *Oeuvres Complètes, cit.*, p. 388, livro VIII.
7   *Quelle est l'Origine de l'Inégalité parmi les hommes et si elle est autorisé par la loi naturelle.*
8   *Ibid.*, p. 392.

*Projeto de paz perpétua* e outro sobre a *Polissinódia*. Desses textos, o único a ser publicado será o *Projeto de paz perpétua* (março de 1761), enquanto a *Polissinódia* e dois *Julgamentos* serão editados postumamente, na edição das *Obras* de Rousseau de 1782, com a curadoria de P. Moultou e P.-A. Du Peyrou. A carta a Voltaire, em que Rousseau polemiza com o *Poema sobre o desastre de Lisboa*, é de 18 de agosto de 1756, por ocasião do desastre que havia atingido a cidade portuguesa. Ao mesmo período remonta a preparação de *Júlia, ou a nova Heloísa* que sairá em Paris em 1761), de *Emílio* e do *Contrato social*, publicados em abril e maio de 1762. A primeira versão do *Contrato social*, depois denominada *Manuscrito de Genebra* e talvez atribuído, no que se refere a sua composição, a esse período (precisamente aos anos de 1758 a 1768, segundo a hipótese de Robert Derathé[9]), foi publicada de forma póstuma pela primeira vez em 1887, por A. S. Alexeieff[10]; depois é inserida na edição do *Contrato social* de E. Dreyfus-Brisac[11]. As querelas entre Diderot e Grimm e também a composição das *Cartas a Sofia* (Mme. d'Houdetot) são de 1757. Entre janeiro e março de 1758, Rousseau escreve a *Carta a D'Alembert sobre os espetáculos*, em que responde polemicamente ao artigo *Genève*, que D'Alembert havia redigido para o volume VII da *Encyclopédie*.

---

9 *Cf.* ROUSSEAU, J.-J. *Oeuvres Complètes, cit.*, vol. III, pp. 82-90.
10 Edição de Vasiliev, Moscou, 1887.
11 Edição de Felix Alcan, Paris, 1896.

| 16

Em 9 de junho de 1762, o Parlamento de Paris condena *Emílio* e emite um mandato de captura do autor. Rousseau se refugia em Yverdon, no Cantão de Berna. Dez dias após a condenação do Parlamento de Paris, o Pequeno Conselho de Genebra também condena tanto *Emílio* quanto *O contrato social*: "Esses dois decretos foram o sinal do grito de maldição que se levantou contra mim por toda a Europa"[12]. As *Cartas a Malesherbes* são de janeiro de 1762. Roussau, expulso de Yverdon, segue para Môtiers, perto de Neuchâtel, território prussiano. Morre Mme. de Warens (10 de julho de 1762). Em março de 1763, sai a resposta de Rousseau ao *Mandamento*, obra do Arcebispo de Paris Christophe de Beaumont, contra *Emílio* e *Contrato social*; o *Mandamento* havia sido publicado em 28 de agosto de 1762. Renuncia ao direito de cidadania na república genebrina e, em resposta às *Cartas escritas do campo*, do Procurador-geral de Genebra, Jean-Robert Tronchin, começa a compor as *Cartas escritas da montanha*, que serão publicadas em dezembro de 1764. Aos ataques das autoridades genebrinas, une-se a vingativa denúncia do libelo anônimo, mas obra de Voltaire, *O sentimento dos cidadãos* (dezembro 1764), no qual se acusa Rousseau de ateísmo, de espírito antipatriota, de imoralidade por ter abandonado os filhos no orfanato. Obrigado a fugir de Môtiers, Rousseau pernoita na ilha de Saint-Pierre, no lago de Bienne (setembro de 1765). Neste mesmo ano

---

12    ROUSSEAU, J.-J. Confessions, em: *Oeuvres Complètes, cit.*, p. 591 (livro XII).

escreve o *Projeto de constituição para a Córsega*, que lhe havia sido encomendado por Matteo Buttafuoco em setembro de 1764:

> *Falei sobre os corsos no* Contrato social *como um povo novo, o único na Europa não totalmente consumido a ponto de não poder receber uma legislação* [...]. *Minha obra foi lida por alguns corsos que foram sensíveis ao modo honorável com que deles tratei, e a circunstância na qual se encontravam, trabalhando para o estabelecimento de sua república, fez com que seus chefes pensassem em pedir minha opinião sobre esse assunto tão importante.*[13]

O objetivo nunca foi alcançado; Rousseau terminou por abandonar o *Projeto*. Além disso, a Córsega foi, com o Tratado de Versalhes de maio de 1768, cedida à França, tornando-o, assim, vão. A obra será publicada de forma póstuma[14]. Exilado, por ordem do Pequeno Conselho de Berna, também de Saint-Pierre, Rousseau depois de várias peregrinações chega a Paris, hospedado pelo príncipe de Conti; dali se muda para Londres, a convite de David Hume (1766). Assume a composição das *Confissões*, cuja primeira leitura, privada, acontecerá em 1770, depois de sua volta a Paris. Rousseau voltou à França em maio de 1767 sob o falso nome de Renou; em 1769 se casou no civil com Thérèse. Na primavera de 1771, termina as *Considerações sobre o governo da Polônia*, que havia

---

13 ROUSSEAU, J.-J. Confessions, em: *Oeuvres Complètes, cit.*, p. 648 (livro XII).
14 Na edição das *Oeuvres et Correspondance Inédites*, edição de G. Streckeisen-Moultou. Paris: M. Lévy, 1861.

começado no inverno de 1771, e começa os *Diálogos*, que concluirá em 1776, ano da composição de *Devaneios do caminhante solitário*, obra deixada incompleta na décima "caminhada". Morre em 2 de julho de 1778 em Ermenonville. Em outubro de 1794, suas cinzas são transferidas para o Panteão de Paris.

# II.

# Análise das obras

> [...] *que nenhum cidadão seja tão rico*
> *a ponto de poder comprar outro*
> *e nenhum seja tão pobre*
> *a ponto de ser obrigado a se vender.*
> (*O contrato social*, II, 11)

# 1. *Discurso sobre as ciências e as artes*

É um dia quente de julho de 1749. Rousseau se dirige ao cárcere de Vincennes, onde está recluso seu amigo Diderot, desde 24 de junho, punido por ter publicado suas *Cartas sobre os cegos para os que veem*, de tom materialista e ateu. Tem em mãos o *Mercure de France* e, percorrendo-o com os olhos, chega ao edital de um concurso banido da Academia de Dijon. Título: "Se o renascimento das ciências e das artes contribuiu para moralizar os costumes[15]". É o próprio Jean-Jacques quem nos conta, em suas *Confissões*, que, ao ler este título, foi tomado por uma verdadeira "iluminação". É como se essas palavras lhe revelassem o que por muito tempo sentia de forma vaga, observava de forma genérica, vislumbrava de forma indistinta – e que agora lhe parecia, de repente, muito claro.

---

15 *Si le rétablissement des sciences et des arts a contribué à épurer les moeurs.*

O sentido das leituras e das reflexões feitas desordenadamente até aquele momento chegou de uma só vez, concentrando-se em uma intuição clara como o brilho de um raio. O que perguntava a Academia? Em resumo, um julgamento sobre tudo o que a civilidade dos "iluminados" havia produzido até aquele momento. Pedia, de fato, um pronunciamento sobre o relacionamento entre o progresso dos conhecimentos científicos e das "artes", de um lado, e a melhora dos "costumes", de outro.

*Coustume* (ou *coutume*), nos diz o dicionário *Furetière* (edição 1725), significa hábito, curso da vida (*train de vie*), e também o conjunto de normas, regras, atitudes que se sedimentam no tempo e que os homens terminam por seguir quase automaticamente (o dicionário afirma que a "facilité de faire" caracteriza o "costume"). O costume de um povo confere aos indivíduos que dele fazem parte um certo caráter, um certo tom, um espírito compartilhado, que é ao mesmo tempo moral e espiritual: não o tom das Academias dos *philosophes*, certamente, mas o tom típico do que hoje chamaríamos de *senso comum*, o *sentir comum*, algo que se assemelha ao *ethos*, para usar um antigo termo grego.

No que consiste a "iluminação" de Rousseau frente à pergunta proposta pelos acadêmicos de Dijon? Podemos entender isso a partir das páginas do *Discurso* em que Rousseau lhe dá uma forma explícita – o que lhe vale, em 10 de julho de 1750, o prêmio do concurso. Consiste em derrubar o modo pelo qual a relação entre ciência, artes, letras e costumes era interpretada na mentalidade corrente dos *philosophes*. Rousseau põe em prática essa mudança por meio de uma interpretação da História que não abandonará por todo o curso de sua sucessiva reflexão. Podemos afirmar, com uma certa margem de aproximação, que nesse primeiro *Discurso* já se encontra uma filosofia embrionária da História. O que a caracteriza é a ideia segundo a qual, no caso da Europa, o renascimento dos conhecimentos científicos e das várias artes, que aconteceu depois dos tempos obscuros da Idade Média, não coincidiu com o melhoramento dos "costumes", mas com sua progressiva decadência. Em outros termos: a civilização avança, mas o grau de moralidade coletiva dos homens e das mulheres que moram nessa parte do mundo, a Europa, diminui. E isso ocorre, conforme o pensamento de Rousseau, por pelo menos três motivos fundamentais:

• As ciências e as artes distraem do cuidado pela "virtude", porque tendem a colocar em primeiro plano o sucesso mundano em vez da retidão interior; projetam o homem no *teatro do mundo,* onde o importante é brilhar, mostrar-se, exibir as próprias qualidades. Rousseau, dizendo isso, não se refere unicamente ao valor intrínseco das obras científicas e artísticas, mas tem presente e denuncia suas consequências sociais; situa-se, portanto, entre o sociólogo da cultura e o moralista, herdeiro da tradição do moralismo seiscentista (pensemos em Montaigne, La Rochefoucauld, Pascal e Nicole). E o julgamento é radicalmente negativo:

> *Viu-se a virtude desaparecer na medida em que sua luz* [das ciências e das artes] *se elevava sobre nosso horizonte, e esse mesmo fenômeno foi observado sempre, e em todo lugar*[16].

- As ciências e as artes estiveram e ainda estão demasiadamente a serviço do poder, no sentido de que não apenas são utilizadas para legitimar o domínio, mas o estabelecem para que sua dureza possa, o tanto quanto possível, permanecer escondida: "A necessidade elevou os tronos; as ciências e as artes os fortaleceram"[17].

- Por outro motivo ainda, além do precedente, Rousseau coloca à luz e desmascara a *não inocência* do saber e das artes. Ambos, de fato, são inevitavelmente acompanhados do luxo, ou seja, uma condição social em que as classes privilegiadas têm o tempo e o gosto para o exercício do espírito, enquanto a maioria da população permanece na necessidade. Uma sociedade de costumes simples, frugais, moderados, como a espartana[18], não é, certamente, o terreno mais propício para seu desenvolvimento, mas permanecerá para sempre, ao menos conforme o pensamento de Rousseau, o modelo da sociedade virtuosa, em que, no lugar da pompa e da inútil erudição, dominam a sobriedade, a coragem e a dedicação ao bem da pátria[19].

---

16 ROUSSEAU, J.-J. Discours sur les Science et les Arts, em: *Oeuvres Complètes*, Sob a direção de B. Gagnebin e M. Raymond. Paris: Gallimard, 1959-1995, vol. III, p. 10.

17 *Ibid.*, p. 7.

18 *Ibid.*, p. 12.

19 *Cf. ibid.*, pp. 17-20.

Tudo isso não significa que Rousseau refute aquilo que o espírito humano pode produzir de bom. Ele tenta fazer ver que, como acontecia com alguns povos antigos (os primeiros entre todos, os romanos, no tempo da república), cultivar a consciência e apreciar as artes não necessariamente estão em detrimento da virtude. Mas isso pode acontecer apenas em certas e precisas condições.

Em primeiro lugar, que o espírito humano aprenda a se exercitar sem orgulho, mas com humildade e modéstia, porque o caminho da consciência é árduo, longo, cheio de riscos, não apto a todo[20]. O exemplo, sugere Rousseau, está na nossa frente, basta saber enxergá-lo e, sobretudo, entender: é Sócrates. Ele nos ensina a compreender nossos limites, ou seja, nos ensina que, por mais que nos esforcemos em acumular conhecimentos em todo campo, aquilo que não sabemos será sempre mais que o já conquistado. O verdadeiro saber consiste, na realidade, no *saber que não se sabe*. Reencontramos o tema da *docta ignorantia* de Cusano[21], que Rousseau pode ter emprestado, além de, com base no próprio texto de Cusano, também em outras fontes, inclusive do jansenismo[22]. Também há influência estoica; ela pode

---

20  *Cf. ibid.*, p. 18.

21  *Cf.* CUSANO, N. *De Docta Ignorantia* (1440). O verdadeiro conhecimento consiste em saber o quanto é profunda e extensa a nossa ignorância.

22  *Cf.* PASCAL, B. Pensées, em: *Oeuvres Complètes*, edição de J. Chevalier. Paris: Gallimard, 1954, fr. 308 (p. 1116). Veja a tradução italiana em *Pensieri, Opuscoli, Lettere*, que segue, para *Pensieri*, a numeração dos fragmentos do Chevalier (tradução italiana de R. Tapella, edição de A. Bausola. Milão: Rusconi, 1978).

| 26

ser vista na ideia de que cada tipo de consciência não é um bem em si, não produz progresso por força própria (essa ilusão Rousseau imputa aos *philosophes*), mas exclusivamente se acompanhada da prática da virtude. E virtude quer dizer moderação e severidade dos costumes, dedicação ao bem comum, laços com a pátria; mas significa sobretudo o senso do limite e da finitude humanos, da fragilidade de tudo o que construímos pelo domínio técnico do mundo.

Em segundo lugar, uma boa prática do conhecimento implica que ele esteja ligado à autoridade política, mas não para melhor garantir o domínio, mas para criar condições que permitam aos homens "de boa vontade fazer o bem" e alcançar sua felicidade em instituições justas[23]. O objetivo é a aliança de "virtude", "ciência" e "autoridade"[24], que, entretanto, como evidenciado por Rousseau, quase sempre agiram em separado[25].

Por fim, o autor do *Discurso* presta atenção na relação que subsiste entre o desenvolvimento das ciências, das artes e aquilo que, com linguagem atual, poderíamos definir como o contexto social em que elas encontram tanto espaço e tanto sucesso assim. Em resposta às objeções feitas a seu *Discurso* pelo rei da Polônia, Estanislau Leszczynski, Rousseau observaria que

---

23   ROUSSEAU, J.-J. Discours sur les Sciences..., em: *Oeuvres Complètes*, *cit.*, vol. III, p. 30.
24   *Ibidem.*
25   Esses temas são retomados no Prefácio de *Narcisse ou l'Amant de lui Même*, uma comédia de Rousseau representada com sucesso pela primeira vez em 18 de dezembro de 1752. *Cf. Oeuvres Complètes*, *cit.*, vol. II.

> *a primeira fonte do mal é a desigualdade: da qual nascem as riquezas, já que os termos pobre e rico têm valor relativo e onde quer que os homens sejam iguais não haverá nem ricos nem pobres. Das riquezas nascem o luxo e o ócio: do luxo se originam as belas artes, e do ócio, as ciências.*[26]

Note-se como o quadro, nesta carta, se alarga: ciências, letras e artes não são mais, como podia parecer pela leitura do *Discurso*, as causas primeiras da decadência dos "costumes", mas a consequência de um aspecto social e econômico em que a desigualdade domina e o "luxo" de poucos denuncia o abismo entre "ricos" e "pobres".

Nessas poucas linhas já se anuncia o tema do *Discurso sobre a origem e os fundamentos da desigualdade entre os homens*, que Rousseau, envolvendo-se novamente na questão colocada pelo concurso da Academia de Dijon de 1754, escreverá entre o fim de 1753 e 1º de junho de 1754. Dessa vez não ganhará o prêmio, mas esclarecerá alguns problemas que o *Discurso sobre as ciências e as artes* haviam deixado abertos ou sem solução.

Como explicar, de fato, tantos males que ele liga, no primeiro *Discurso*, à decadência dos "costumes", atribuindo-a unicamente ao orgulho, às paixões e às ilusões que o conhecimento instiga em quem o cultiva e que logo se difundem por toda a sociedade? O leitor não demora muito a perceber que os efeitos devastadores descritos nesse texto são

---

26 ROUSSEAU, J.-J. Observations de J.-J. Rousseau sur la Réponse à son Discours, em: *Oeuvres Complètes, cit.*, vol. III, pp. 49-50.

patentemente desproporcionais, em sua enormidade e extensão, em relação à causa da qual são deduzidos (ciências – artes – letras à corrupção moral e espiritual de toda a sociedade). Se, porém, presta-se atenção ao que Rousseau escreve na carta a Estanislau, então o quadro fica certamente mais aceitável. O maior mal, aquele do qual muitíssimos outros derivam, é a desigualdade política e econômica. É preciso partir daqui para compreender como e por que a sociedade atual foi tão distanciada de sua condição "natural", a única que teria sido apropriada ao homem e aos fins que ele deveria buscar.

## 2. *Discurso sobre a desigualdade*

É exatamente esse o argumento do segundo *Discurso*. Em seu centro encontramos, muito mais articulada que no primeiro, a dialética natureza--cultura, natureza-artifício, natureza-sociedade. Abandonando o relato cíclico do "tornar-se", típico da visão greco-clássica, Rousseau aceita o esquema iluminista de um "tornar-se" linear, *uma reta*, das condições humanas. Ele inverte o sentido, porém: a história não vai para a frente, não é um percurso *in progress*. Constitui, entretanto, uma involução, que parece proceder mais velozmente à medida que se distancia da "bela margem"[27] dos antigos ou, realmente, do "homem natural" das origens

---

27 ROUSSEAU, J.-J. Discours sur les Sciences..., em: *Oeuvres Complètes, cit.*, vol. III, p. 22.

(*l'homme originel*), aquele que habitava, em um tempo remotíssimo, a Terra[28].

Pode-se dizer também, assim: para Rousseau a história, propriamente falando, não *procede*, mas *retrocede*. Devemos obviamente nos perguntar, entretanto, *em relação a qual ponto* retrocede e também esclarecer qual seria o critério com base em que podemos demonstrar tal andamento negativo. Rousseau, sobre essa questão, é (aparentemente) claro e (realmente) obscuro ao mesmo tempo. Ou, pelo menos, não é tão sistemático como talvez seus leitores preferissem que fosse. Tentemos examinar bem a questão.

O segundo *Discurso* começa evidenciando a dificuldade, para o ser humano, de chegar a "se ver tal qual o formou a natureza"[29], já que as mudanças que o tempo e os acontecimentos nele produziram são tão grandes a ponto de já anularem o homem das origens. Porém, seria decisivo, para poder "bem julgar nosso estado presente", discernir "o que há de originário e artificial na natureza atual do homem"[30]. E Rousseau tenta fazer isso.

Antes de tudo, considera-se o *método*: via os "livros científicos", porque "nos ensinam a ver os homens tais quais foram feitos", não como eram em seu estado natural[31]. Também via os "fatos", porque o fim não é apenas descritivo, mas também, e sobretudo, prescritivo,

---

28  ROUSSEAU, J.-J. Discours sur l'Origine et les Fondements de l'Inégalité, em: *Oeuvres Complètes, cit.*, vol. III, pp. 122-127 (Prefácio).
29  *Ibid.*, p. 122 (Prefácio).
30  *Ibid.*, p. 123 (Prefácio).
31  *Ibid.*, pp. 125 e 132 (Prefácio).

|30

devendo o *Discurso* esclarecer se a desigualdade entre os homens, como historicamente veio a se criar, é ou não legítima, e qual é o fundamento válido disso[32]. E, depois, mesmo que se quisesse *descrever*, como poderíamos chegar a isso tendo que lidar com eventos e situações que aconteceram já há milênios? Sobra a tentativa de colocar em campo alguns

> *raciocínios hipotéticos e condicionais* [...], *semelhantes aos que todos os dias fazem nossos físicos sobre a formação do mundo*[33].

Trata-se de arriscar

> *algumas conjecturas, menos na esperança de resolver a questão do que na intenção de a esclarecer e de a reduzir ao seu verdadeiro estado*[34].

Mas há outra consideração: o *original* não é exclusivamente um dado histórico, mas também aquele *fundo* da natureza humana, aquele seu *centro*, que cada indivíduo conserva dentro de si, na parte mais íntima de si próprio. Apesar de todas as mudanças sofridas pelo homem na História, pode-se talvez ainda acessar este centro, liberando-o dos detritos que se acumularam com o tempo e que afastaram o homem de si mesmo. A conjectura histórica, portanto, tem uma correspondência na busca interior, já que o tornar-se do indivíduo espelha e reflete o da espécie (será, mais tarde, uma das teses condutoras de *Emílio*).

---

32   *Cf. ibid.*, pp. 132-133.
33   *Ibid.*, p. 133.
34   *Ibid.*, p. 123 (Prefácio).

O ato de deixar para trás todos os livros se apoia, assim, no esforço de se meditar "sobre as primeiras e mais simples operações da alma humana"[35]. Em certo sentido, parece que a natureza humana nos foge, presa no vórtice da dinâmica histórica; em outro sentido, porém, aquilo que nos constitui no profundo permanece sempre em nós e conosco, desde que nos mantenhamos capazes de olhar não apenas *para a frente*, mas também e sobretudo *dentro*. Ao menos por essa perspectiva, o princípio agostiniano de que *in interiore homine habitat veritas* também vale para Rousseau.

Devemos olhar agora o que resulta da aplicação desse método.

Em *Emílio*, Rousseau observará que o indivíduo, antes de *viver* na plenitude de sua existência, *existe*, portanto se encontra em uma condição na qual todas as suas faculdades e capacidades ainda estão *na potência* e não *no ato*. Da mesma forma, a condição primitiva da espécie humana (*état originel*[36]) nos é por ele apresentada, no segundo *Discurso*, como muito similar àquela dos outros animais. Pode-se, assim, conjecturar racionalmente que as faculdades do homem não estivessem ainda desenvolvidas e suas jornadas solitárias transcorressem nas atividades elementares consistidas de beber, comer colhendo os frutos das árvores e de dormir[37]. *Je le vois*, escreve Rousseau: e *o vê* nesta condição, ele o vê porque lança o olhar

---

35  *Ibid.*, p. 125 (Prefácio).
36  *Ibid.*, p. 123 (Prefácio).
37  *Cf. ibid.*, pp. 140-141.

para trás o máximo possível (e certamente o faz, não importa o que se diga, usando também os "livros") e também o aprofunda no íntimo mais íntimo de si mesmo, em busca do que era (e todos somos) antes de nascer completamente para nossa humanidade. Aqui já há o *imprinting* daquilo que deveríamos nos tornar se seguíssemos fielmente nossa natureza (note a epígrafe do *Discurso*, tirada, na tradução latina, da *Política*, de Aristóteles [1254 a 36-38]: *non in depravatis, ma in his quae secundum naturam se habent, considerandum est quid sit naturale*).

Habituado às intempéries, aos rigores das estações, exercitado até a exaustão, obrigado a se defender dos animais ferozes, o *homme naturel* devia certamente ter uma constituição robusta e resistente. Apenas os mais fortes sobreviviam e a natureza humana, antes que a medicina fosse inventada, era seguramente mais saudável – observa ironicamente Rousseau, retomando um tema caro a Montaigne – do que será quando o temor das doenças, que a ciência médica traz consigo, fizer com que os homens adoeçam não de qualquer mal real, mas principalmente do medo de adquirir essa ou aquela enfermidade[38]. Portanto, antes de tudo, é preciso dizer que o maior erro que se pode cometer é "confundir o homem selvagem com os homens que temos sob os olhos"[39], pelo menos para evitar atribuir aos segundos vantagens mais aparentes que reais.

---

38   *Cf. ibid.*, pp. 138-139.
39   *Ibid.*, p. 139.

Ampliemos a perspectiva: o tempo ainda não é uma *história*, ou seja, uma sucessão de acontecimentos significativos. De fato, cada um vive em si e por si; sua breve existência não deixa rastros. O isolamento quase total, unido à "fertilidade natural"[40] da terra e à simplicidade das necessidades, obviamente torna impossíveis os conflitos[41]. Isso pode ser visto como um elemento positivo. Há, porém, o reverso da medalha: tal solidão impede aqueles progressos que os relacionamentos entre indivíduos sempre trazem consigo. Sem relacionamentos, não resultam contrastes, lutas, violências, mas também não há avanço da espécie humana nem material, nem moral ou espiritual.

É inevitável nos perguntarmos, a esta altura, por que então é tão importante, aos olhos de Rousseau, conhecer esse estado, se seu conhecimento, além de ser aproximado, nos coloca frente a um ser que é ainda pré-humano. Quais indicações úteis para o hoje poderiam advir de tal condição?

Podemos responder, segundo Rousseau, assim: certo, aquele estado é anterior, ainda, à humanidade plena e completa. Porém, apesar disso, é um estado do qual o homem atual, envolvido em mil conflitos, em desigualdades, em abusos, nas injustiças da assim chamada *civilidade*, pode extrair valor. De fato, trata-se de uma condição de paz, em que reinava a igualdade, em que cada indivíduo era livre e soberano

---

40  *Ibid.*, p. 135.
41  *Cf. ibid.*, p. 136.

|34

de seus atos, por mais simples e banais que possam parecer ao homem evoluído. E, portanto, chegar até ali, tentar *ver* o ser humano em seu nível original, tem um significado moral bem preciso: serve para compreender quando perdemos em relação a este, mesmo acreditando termos ganhado quem sabe o que com nossa civilização baseada na lógica do sucesso, no desejo de emergir, no antagonismo, no contraste entre ser e parecer, na desigualdade, nas correntes em que nós mesmos nos prendemos com tantas obrigações a respeitar, tantas cerimônias a cumprir, tantos artifícios supérfluos. Em resumo: o estado natural é um *instrumento crítico* para interpretar nossa condição atual. Não podemos, certamente, retornar nem devemos pensar em fazê-lo, já que lá, naquele primeiro lugar (embora esquecido) da memória da espécie, podemos encontrar bem pouco de humano no sentido próprio do termo, ou seja, do homem em seu desenvolvimento coerente e completo. Mas o olhar que se lança à profundidade daquele tempo passado encontra um recurso para compreender o que aconteceu e para julgar. Dessa forma, o estado natural se torna um conceito entre a realidade histórica, crítica da civilização, busca interior e mito político.

Seja como for, o *original*, o "estado natural em sua pureza"[42], não exaure a "natureza": é, em vez disso, o ponto de partida, a condição da qual tudo começa. Também nesse aspecto Rousseau continuamente insiste para evitar qualquer acusação de primitivismo (como

---

42    *Ibid.*, p. 170.

fizeram muitos, entre eles Voltaire, em uma carta de 30 de agosto de 1755)[43]. O estado natural é – como a infância do indivíduo – um *início* em que não se pode demorar, é um exórdio do qual o homem é levado sempre para mais longe, porque já nas origens agem – primeiro quase inadvertidamente, depois de forma sempre mais incisiva – as "faculdades" que ele, desde sempre, tinha *em poder*[44]. Devemos ter em mente que Rousseau está familiarizado com as ciências do homem nascente, conhece a *História natural* de Buffon[45], identifica-se com um clima filosófico e científico em que o conceito de "natureza" está se tornando uma noção não mais fixa e estática, mas dinâmica. O que quer dizer que a natureza, também ela, tem uma história; quer dizer que *se torna*, seja no mundo físico, seja no humano. E o que se torna, em ambos os casos, como já observamos, já está embrionariamente contido na origem; retroceder ao início, tanto quanto possível, significa buscar reconstruir o processo evolutivo que caracteriza as formas da natureza física e da vida animal, assim como a existência da espécie humana. Significa buscar compreender não

---

43    Pode-se ler esta carta no volume III das *Oeuvres Complètes* de Rousseau, *cit.*, pp. 1379-1381 (a resposta de Rousseau está nas pp. 226-229). A tradução italiana está disponível nos *Scritti Politici* de Rousseau, por Maria Garin, com introdução de Eugenio Garin. Bari: Laterza, 1971, vol. I, pp. 245-247 (a resposta de Rousseau está nas páginas 248-251).

44    ROUSSEAU, J.-J. Discours sur l'Origine et les Fondements de l'Inégalité, em: *Oeuvres Complètes, cit.*, vol. III, pp. 142, 162.

45    Georges-Louis Leclerc, conde de Buffon, *Histoire Naturelle, Generale et Perticulière* (1749-1788), 36 volumes. Disponível em: http://www.buffon.cnrs.fr/.

|36

tanto onde e como, do ponto de vista meramente empírico, o caminho do homem se inicia, mas qual é o fim inerente à sua *constitution*.

Aquilo que o ser humano tem de próprio e que, portanto, o distingue dos outros animais é, para Rousseau, a combinação de duas faculdades, a "perfectibilidade" e a "liberdade"[46]. O homem ser *perfectível* significa que é capaz de se desenvolver, de se adaptar, de responder aos desafios do ambiente, às circunstâncias, às dificuldades que o mundo natural lhe coloca, enquanto o animal permanece para sempre preso ao instinto, o qual o bloqueia em sua condição de partida e ali o mantém. Ser *livre* significa que pode escolher. E é essa a faculdade fundamental, porque demonstra sua natureza espiritual:

> A natureza manda em todo animal, e a besta obedece. O homem experimenta a mesma impressão, mas se reconhece livre de consentir ou resistir; e é sobretudo na consciência dessa liberdade que se mostra a espiritualidade de sua alma[47].

A faculdade da razão pode também derivar das sensações – como Rousseau apreende das correntes do sensismo, em particular de Condillac[48]. Mas não se pode dizer o mesmo do livre-arbítrio: este é

---

46  ROUSSEAU, J.-J. Discours sur l'Origine et le Fondements de l'Inégalité, em: *Oeuvres Complètes, cit.*, vol. III, pp. 141-142.
47  *Ibid.*, p. 142.
48  *Cf.* CONDILLAC, É. B. de. Saggio Sull'Origine delle Conoscenze Umane (1746); Tratatto sulle Sensazioni (1754), em: *Opere*, tradução italiana de G. Viano. Turim: UTET, 1996 (reimpressão da edição de 1976).

Análise das obras

invariável, apoia-se unicamente em si, constitui a capacidade de querer, original e autônoma, não sujeita a nenhum determinismo.

*Liberdade* e *perfectibilidade*: essas são as propriedades essenciais da natureza humana. Conhecendo-as podemos compreender como e por que o homem saiu progressivamente do estado natural e pouco a pouco iniciou sua história. Rousseau oferece um relato detalhado das várias etapas pelas quais os homens transitaram em seu desenvolvimento plurissecular: das primeiras uniões ocasionais para capturar uma presa, às formas associativas embrionárias em cabanas que davam abrigo às famílias em via de formação, até a diferenciação das diversas "nations". Paralelamente a essas mudanças se aperfeiçoam a linguagem[49] e a razão, mas também nascem as paixões, em que se exprimem as necessidades ligadas à corporeidade, à dimensão "physique" do ser humano, como a chama Rousseau, enquanto a liberdade e a perfectibilidade pertencem à dimensão "métaphysique", que não é de modo algum derivável da corporeidade[50].

---

49   ROUSSEAU, J.-J. Discours sur l'Origine et les Fondements de l'Inégalité, em: *Oeuvres Complètes, cit.*, vol. III, pp. 146-151. O *Ensaio sobre a origem das línguas*, redigido ao menos em parte antes da versão definitiva do segundo *Discurso*, está nas *Oeuvres Complètes, cit.*, vol. VI. Sobre problemas de datação e composição, *ibid.*, Introdução de Jean Starobinski, pp. 169-204. Ver a tradução italiana *Essai* de G. Gentile, *Saggio sull'Origine delle Lingue*. Nápoles: Guida, 1984.
50   *Cf. ibid.*, p. 141. Em sua crítica ao "logocenrismo" (a prioridade atribuída, na tradição metafísica ocidental, à palavra em relação à escritura) Jacques Derrida se refere a Rousseau e ao Ensaio sobre as línguas em: *De la Grammatologie* (1967), tradução italiana de G. Dalmasso. Milão: Jaca Book, 2006.

|38

Já falamos de uma concepção *dialética* do desenvolvimento humano em Rousseau: e dialética é realmente a relação entre essas duas dimensões. Aqui devemos identificar a chave das relações entre *natureza* e *história*. Tentemos entender como e por quê.

Na sequência histórica, os homens desenvolvem sua natureza; esta não é simples, é composta, ou seja, caracterizada por aquele dualismo entre corpo e espírito que apenas se esboçou. O laço social é coberto de dificuldades exatamente porque, na relação com o outro, cada indivíduo nota a utilidade e, em geral, a positividade da cooperação; mas é levado também pelo impulso por primazia, ou seja, pelo amor-próprio. É exatamente a dinâmica do amor-próprio que nos ajuda a entender a teoria do conflito no pensamento de Rousseau. O homem que vive no estado natural sente, como todos os outros animais, amor por si mesmo (*amour de soi*), em que se expressa a tendência de cada ser de se conservar. Esse instinto, estreitamente conectado com a corporeidade, não pode gerar conflitos, seja por estar temperado com "piedade" – ou seja, com o instinto que leva todo animal a sentir repugnância quando vê um similar sofrendo[51] –, seja porque os homens primitivos vivem em condição de independência quase absoluta um do outro e podem colher das mãos da natureza tudo o que ela coloca abundantemente à disposição para satisfazer suas moderadas necessidades materiais.

---

51   *Ibid.*, p. 126 (Prefácio) e pp. 153-157.

O amor-próprio não é uma paixão diversa do amor em si. Nasce quando as relações com os outros começam a se tornar mais complexas e numerosas, e quando contemporaneamente emerge a extrema dificuldade, para os indivíduos particulares, de superar a existência radicalmente independente do homem original, aquela existência que é muito difícil abandonar, já que constitui seu modo de ser primordial, o *ponto de partida* da sua história. Pode-se dizer também assim: o amor-próprio é o amor de quem, guiado por sua natureza à conservação e ao bem-estar *físicos* do indivíduo, é levado a manter tais tendências mesmo quando, pelas mudanças das condições em que se encontram os homens, seria necessário que todos aprendessem, entretanto, a cooperar e a cuidar não apenas dos bens que satisfazem o corpo, mas também aqueles próprios do ser racional (e, como racional, capaz de olhar além dos interesses imediatos e materiais).

Hobbes – com o qual Rousseau polemiza explicitamente no segundo *Discurso*[52] – havia sustentado que os homens no estado natural, levados por suas paixões, vivem em uma guerra potencial de todos contra todos (*Leviatã*, capítulo 13). Em tal perspectiva, pode-se, portanto, dizer que o homem seja egoísta e predisposto ao conflito *por natureza*. Rousseau apresenta um quadro muito diferente. No estado natural – como vimos – os homens vivem em paz e em uma condição de "inocência", porque ainda não sabem

---

52  *Cf. ibid.*, pp. 153-154.

distinguir o bem do mal[53]. É quando começam a sair desse estado que, pouco a pouco, tornam-se inclinados ao mal; na verdade, quanto mais se intensificam suas relações, mais ásperos se tornam os conflitos, até chegar a uma situação pior daquela imaginada pelo próprio Hobbes[54]. Por isso, em tal caso, pode-se afirmar que o homem não é maldoso *por natureza*, mas pode *tornar-se* – e, de fato, tornou-se – após um processo histórico em que foram criadas condições tais que implementaram o egoísmo, a competição, a injustiça, a desigualdade. Daí deriva, então, que todos esses males não devem ser atribuídos unicamente e diretamente à "constitution humaine", mas àquilo que o homem pode se tornar em certas e determinadas situações. Se quiséssemos ver em Rousseau (o que não é de forma alguma arbitrário) uma antecipação dos motivos do existencialismo, poderíamos dizer que, em seu pensamento, o homem está sempre *em situação*. Isso significa que a natureza humana está perenemente exposta – depois que seu estado original é superado – às provocações da natureza física do ambiente, do acaso, e além de tudo condicionada às próprias estruturas, instituições, relações que o homem, pouco a pouco, cria. Ele habita o mundo, mas com esse habitar ele mesmo se desenvolve e se forma na plurissecular obra posta em ação junto a seus semelhantes. A natureza humana, como já falamos, se constitui pelas faculdades

---

53  *Cf. ibid.*, p. 152.
54  *Cf. ibid.*, pp. 174-176.

que todos temos "en puissance", ou seja, *em potência*. O desenvolvimento dessas faculdades, sua passagem para *a ação* (e sobretudo a direção que lhes damos do ponto de vista moral), é obra da liberdade. Desta podemos fazer bom ou mau uso, de acordo com nossa decisão de governar nossas paixões pela razão e consciência ou, ao contrário, de nos deixar vencer e levar por elas.

O *estar em situação* significa que nesse difícil processo, durante o qual ele plasma a nossa identidade moral, conta – e conta muito – o contexto em que nos encontramos para agir. Seja qual for esse contexto, o *Discurso sobre a desigualdade* o evidencia com a parte II, que culmina – depois de ilustrar as circunstâncias que conduziram o homem à invenção da metalurgia, da agricultura, da divisão do trabalho – na sugestiva imagem dos danos provocados pelo incremento desigual da propriedade privada. Lembremos o exórdio célebre desta parte II:

> *O primeiro que, tendo cercado um terreno, se lembrou de dizer, isto é meu, e encontrou pessoas bastante simples que acreditaram, foi o verdadeiro fundador da sociedade civil. Quantos crimes, guerras, assassínios, misérias e horrores não teria poupado ao gênero humano aquele que, arrancando as estacas ou tapando os buracos, tivesse gritado aos seus semelhantes: "Livrai-vos de escutar este impostor; estareis perdidos se esquecerdes que os frutos são de todos, e a terra, de ninguém".*[55]

---

55  *Ibid.*, p. 164.

O mal emerge, em sua forma moral e politicamente mais brutal (ou seja, a desigualdade), no momento da intersecção entre as condições objetivas já sedimentadas "de uma época a outra"[56] e o mau uso da liberdade. O homem se encontra, de fato, em luta não apenas contra as paixões que o próprio progresso estimulou, mas também com a extrema dificuldade de prever – passo após passo, dia após dia, século após século – os efeitos dos eventos, dos atos, dos processos que desafiam, em sua sucessão e suas infinitas intersecções, sua limitada capacidade de antecipar os efeitos de tudo que ele mesmo constrói com o tempo. Entre outras coisas, a invenção da agricultura, a consequente divisão das terras, a extensão inexorável das posses, uns prejudicando os outros, a escassez que de tal forma se segue, fazem com que a hostilidade, mesmo em suas formas mais violentas, prevaleça e que os homens terminem por se tornar inimigos. Rousseau parece nos convidar a acompanhar tal processo:

> Eis, portanto, todas as nossas faculdades desenvolvidas, a memória e a imaginação em jogo, o amor-próprio envolvido, a razão tornada ativa.

E "sendo essas qualidades as únicas que podiam atrair a consideração, logo foi preciso tê-las ou afetá-las". Foi necessário, "para vantagem própria, mostrar-se diferente daquilo que se era de fato". O homem, "livre e independente", encontra-se neste ponto submetido "a toda a natureza", por uma "multidão de

---

56 *Ibidem.*

novas necessidades" e, sobretudo, descobre-se subjugado "por seus semelhantes, dos quais se torna escravo em certo sentido, mesmo tornando-se seu senhor". Quando é rico "tem necessidade de seus serviços", quando é pobre, "de sua ajuda". É essa condição que o torna:

> Velhaco e artificioso com uns, imperioso e duro com outros, e o põe na necessidade de abusar de todos aqueles de que precisa, quando não pode se fazer temer e quando não é de seu interesse servi-los utilmente.

O resultado é "uma negra tendência a se prejudicarem mutuamente" e a "colocar-se acima do próximo". Em outras palavras, "concorrência e rivalidade, de um lado e, de outro, oposição de interesses, e sempre o desejo oculto de tirar proveito às custas de outrem". Rousseau conclui assim:

> As usurpações dos ricos, os assaltos dos pobres, as paixões desenfreadas de todos, sufocando a piedade natural e a voz ainda mais fraca da justiça, tornaram os homens avarentos, ambiciosos e maus [...]. A sociedade nascente foi praça do mais horrível estado de guerra[57].

Qual a surpresa no fato de que, exaustos de lutas, ameaçados por inseguranças, desejosos de uma forma qualquer de paz, mesmo os não possuidores, os pobres, podem decidir aceitar o pacto que o rico, preocupado em deixar seus bens seguros nesta "guerra permanente"[58], propõe a eles?

---

57    *Ibid.,* pp. 174-175.
58    *Ibid.,* p. 176.

O *pacto dos ricos* implica a tutela da segurança comum sob leis iguais para todos, a defesa contra os inimigos internos e externos, em troca do reconhecimento jurídico da situação da *propriedade desigual*[59], em que os contraentes se encontram. Rousseau aqui parece antecipar Marx (se pensarmos na *Questão judaica*): a forma do Estado burguês se refere ao princípio da igualdade dos direitos, enquanto sua substância se constitui da crua realidade da desigualdade econômica. Não é esse, porém, o ponto que aqui interessa; vale, porém, como uma lembrança.

O ponto é, entretanto, aquele que nos guiou nesta última parte de exposição: o advento progressivo da desigualdade e todos os males que a ela se conectam implicam, antes de tudo, a liberdade que cede ao ataque das paixões e, além disso, a fragilidade da razão nem sempre (quase nunca, aliás) capaz de se livrar da densa rede que as simples ações humanas compõem para resultar, no fim, em algo muito diferente do que se pretendia. Lembremos da observação de Rousseau a propósito do pacto dos ricos:

> Todos correram para suas cadeias de ferro, acreditando assegurar a própria liberdade; porque, com bastante razão para sentir as vantagens de um estabelecimento público, não tinham bastante experiência para prever os perigos que daí adviriam[60].

---

59 *Cf. ibid.*, p. 177.
60 *Ibid.*, pp. 177-178.

De resto, o homem sempre é um agente livre. Se a história, como se desenvolveu até o presente, é obviamente irreversível (se, em suma, não se pode voltar atrás), é consentido, porém, em virtude exatamente da liberdade, dar-se início a algo novo em relação ao passado. O homem é condicionado pela situação, mas não determinado por ela; o contexto é importante, mas não decisivo no sentido absoluto. É necessário, nesse ponto, entender se e como é pensável uma condição em que o homem reconquiste a igualdade e repare os males que a civilização corrupta delineada no segundo *Discurso* trouxe consigo.

## 3. *O contrato social*

Já vimos que o contrato estipulado com vantagem dos ricos viola os dois direitos fundamentais do homem: a liberdade e a igualdade. Assim, também transforma uma "astuta usurpação [*em*] um direito irrevogável" e sujeita, para a vantagem de poucos, toda a humanidade "ao trabalho, à servidão e à miséria"[61]. Mas, já no segundo *Discurso*, Rousseau observa que, se os homens se dão governantes, eles o fazem para terem protegidos "seus bens, sua liberdade, sua vida", que são "os elementos constitutivos do seu ser"[62]. O erro fatal que desde a origem pesa no contrato como defesa dos privilegiados consiste na crença ingênua, da parte de

---

61  *Ibid.*, p. 178.
62  *Ibid.*, pp. 180-181.

quem não era privilegiado, de que com esse acordo esses direitos pudessem ser *verdadeiramente* defendidos. Mesmo os mais sábios acabaram por aceitar, na guerra geral, o mal menor[63]. Assim, nesse iníquo contrato se encontram a astúcia dos ricos, a ingenuidade dos pobres, a resignação dos sábios. Tudo parece conspirar para a estipulação de um pacto que, ao mesmo tempo em que parece *historicamente inevitável* aos atores do momento, é *eticamente contra a natureza*.

Se é verdade, daí deriva que o contrato social, conforme aos direitos do homem, deve restabelecer aquilo que o histórico violou, principalmente *liberdade* e *igualdade*. Elas são, do ponto de vista do "direito político"[64], os dois fins de toda associação civil. E seu significado é muito preciso: "liberdade civil" quer dizer que todo membro da "sociedade bem ordenada"[65] deve ter garantida a lei contra todo arbítrio, violência, abuso, e que a lei deve ser considerada expressão da vontade dos sócios. A máxima da liberdade política é que seja considerada lei unicamente aquela que emane da vontade comum do povo: "o impulso apenas do apetite constitui escravidão, enquanto a obediência à lei a si mesmo prescrita, liberdade"[66]. Se, como vimos,

---

63  *Cf. ibid.*, p. 178.
64  O título completo do *Contrato social* é *Du Contrat Social, ou Principes du Droit Politique*.
65  ROUSSEAU, J.-J. Manuscrit de Génève, em: *Oeuvres Complètes, cit.*, vol. III, p. 289 (livro I, capítulo 2). O assim chamado *Manuscrito de Genebra* é um rascunho de próprio punho, parcial, do *Contrato social*, e foi publicado pela primeira vez em 1887. O original da versão publicada em 1762 se perdeu.
66  ROUSSEAU, J.-J. Du Contrat Social, em: *Oeuvres Complètes, cit.*, vol. III, p. 365 (livro I, capítulo 8). As traduções das passagens

a liberdade constitui a característica própria do homem, então é necessário que seja garantida em uma forma dupla:

- Como faculdade de decidir *individualmente* a respeito de si mesmo, como indivíduo, sem dever temer as interferências e/ou as violências alheias.
- Como faculdade de contribuir *coletivamente*, como membro do corpo soberano, à deliberação sobre leis.

Rousseau quer dizer que a liberdade, para cada membro da comunidade, não é unicamente o direito que autoriza cada um a dispor de si como indivíduo, mas também o direito de participar diretamente, junto aos outros cidadãos, da formulação das leis na assembleia soberana. No *Discurso sobre economia política* o significado da lei e o nexo entre lei e liberdade são esclarecidos em uma passagem justamente famosa:

> Por qual arte inconcebível se pôde encontrar o meio de submeter os homens para torná-los livres; empregar no serviço do Estado os bens, os braços e a própria vida de todos os seus membros, sem obrigá-los e sem consultá-los; com seu próprio consentimento, aprisionar sua vontade; fazer valer seu consentimento contra sua recusa, e forçá-los a punirem-se a si próprios quando fazem o que não desejaram? Como pode acontecer que obedeçam e ninguém mande, que sirvam e não tenham senhor; sendo tanto mais livres, com efeito, quanto, sob uma sujeição aparente, ninguém perde de sua liberdade a não ser aquilo que pode prejudicar a outrem? Esses

do *Contrat* são tiradas de ROUSSEAU, J.-J. *Il Contratto Sociale*, de R. Gatti, Milão: Rizzoli, 2012.

*prodígios são obra da lei. É somente à lei que os homens devem a justiça e a liberdade; é esse órgão salutar da vontade de todos que restabelece no direito a igualdade natural entre os homens*[67].

A sujeição à lei torna "livres" porque subtrai as relações humanas à casualidade e à desordem do estado pré-político, em que dominam o arbítrio, a fraude, a astúcia, a violência. Se é assim, então se deve reconhecer que a obediência à lei nos resgata de toda sujeição pessoal e elimina a prepotência dos privados; consente-nos a não obedecer a "ninguém", mas apenas a normas impessoais e iguais para todos. Voltaremos a falar sobre esses aspectos.

Por ora, precisamos definir o outro termo, ou seja, *igualdade*, que deixamos em aberto. Rousseau afirma que:

> *Não se deve entender por essa palavra que os graus de poder e riqueza sejam absolutamente os mesmos, mas que, quanto ao poder, esteja acima de toda violência e não se exerça jamais senão em virtude da classe e das leis; e, quanto à riqueza, que nenhum cidadão seja assaz opulento para poder comprar um outro, e nem tão pobre para ser constrangido a vender-se*[68].

---

67 ROUSSEAU, J.-J. Discours sur l'Économie Politique, em: *Oeuvres Complètes*, vol. III, *cit.*, p. 248. Trata-se do artigo Économie Politique, no tomo V da *Encyclopédie*. No que concerne à posterioridade cronológica do *Discurso sobre economia política* a respeito daquele sobre a desigualdade, ver o que escreve Robert Derathé, em: ROUSSEAU, J.-J. (*Oeuvres Complètes, cit.*, vol. III, pp. 72-74).

68 ROUSSEAU, J.-J. Du Contrat Social, em: *Oeuvres Complètes, cit.*, vol. III, pp. 391-392 (livro II, capítulo 11).

Essa citação é importante porque nos ajuda a entender a posição de Rousseau sobre a propriedade privada, depois a crítica à apropriação desigual que surge no segundo *Discurso*. Ao contrário de Locke e de acordo com Hobbes, Rousseau não considera o direito de propriedade como natural, mas o concebe como um direito positivo, ou seja, criado pelo soberano. Ao mesmo tempo, não está disposto a aceitar a ideia do comunismo de bens, que havia tido um espaço relevante nos debates ocorridos durante a Guerra Civil Inglesa e que se estava difundindo na França desde o século anterior. Sua proposta consiste no reconhecimento do direito de propriedade, já que a propriedade é uma importante garantia da fidelidade dos cidadãos, a partir do momento que os liga de forma estreita à sua pátria[69]. Mas cabe às leis discipliná-la, se e quando exceder alguma condição que qualquer sistema de regras deve respeitar. São condições que podemos definir como pré-jurídicas; seu caráter é prevalentemente ético e, como normas morais, devem guiar o soberano no exercício de sua faculdade de administrar o direito de propriedade. Vale a pena retomá-las, pelo modo claro em que são expostas, no próprio *Contrato social*:

> [...] que [o terreno] *não seja ainda habitado por ninguém; em segundo lugar que se ocupe apenas o tanto necessário para a subsistência; em terceiro lugar que dele se tome posse não em virtude de uma vã cerimônia, mas com o trabalho e o cultivo, único*

---

69  *Cf. ibid.*, p. 366 (livro I, capítulo 9).

> *sinal de propriedade que, à falta de títulos jurídicos, deve ser respeitado por outrem[70].*

"Os títulos jurídicos" completarão e tornarão mais seguro o "direito do primeiro ocupante", que se torna um "verdadeiro direito" apenas "após a instituição do direito de propriedade"[71]. Compreende-se bem, de tudo isso, que o ideal é uma comunidade de pequenos proprietários em que o bem principal seja a terra e em que o trabalho faça realmente a diferença entre uma ocupação legítima e uma usurpação. O requisito fundamental dessa comunidade é, portanto, aquela igualdade de propriedade que não existia no contrato dos ricos, o qual consistia em transformar em lei uma pura e simples ocupação ilícita. Em síntese, a igualdade econômica é ladeada pela igualdade civil e política, da qual é fundamento material. O homem – quer dizer Rousseau – nunca será civil e politicamente livre se também não for tratado economicamente com justiça, quer dizer, com condições iguais em relação a seus semelhantes. Onde prevalece a riqueza, a autoridade política lhe é inevitavelmente submissa:

> *O poder civil se exercita de dois modos, um legítimo por meio da autoridade, outro abusivo por meio das riquezas. Onde quer que dominem as riquezas, o poder e a autoridade estarão sempre separados, [já que] o poder aparente está nas mãos dos magistrados e o poder real está nas mãos dos ricos.[72]*

---

70  *Ibidem.*
71  *Ibid.*, p. 365.
72  ROUSSEAU, J.-J. Projet de Constitution pour la Corse, em: *Oeuvres Complètes, cit.*, vol. III, p. 939. Nesse escrito, Rousseau

A atenção ao tema da igualdade econômica aproxima Rousseau das várias correntes do socialismo – que já estão se desenvolvendo na época do *Contrato social* – e do marxismo. A diferença essencial a respeito de Marx – e também de muitas formas de socialismo – é que Rousseau (além de obviamente não poder levar em consideração o desenvolvimento da indústria moderna) sustenta que a igualdade econômica seja compatível com a propriedade dos bens, porém limitada. Para Marx, entretanto, a propriedade deve desaparecer como modo específico de relacionamento entre os homens, porque – como evidencia nos *Manuscritos econômico-filosóficos*, de 1844 – degrada a natureza dos laços sociais, reduzindo o próprio ser humano a instrumento e mercadoria.

Já fizemos alusão à liberdade civil e política, que a igualdade material torna possível. Tratar dessas duas dimensões da liberdade significa entrar no âmago do *Contrato social*.

Quando Rousseau o redige, já narrou, nos dois discursos sobre as ciências e sobre as artes e sua desigualdade, a narrativa histórica em que a humanidade acabou por se privar tanto da igualdade quanto da liberdade. Partindo dessa história e do conhecimento do homem, de suas faculdades, de seus direitos, dos fins intrínsecos à sua natureza, agora pode formular o

---

assume, sobre o tema da propriedade, uma posição mais radical do que aquela presente no *Contrato*, declarando-se a favor de sua máxima limitação possível, mesmo reconhecendo que não deveria, entretanto, ser totalmente eliminada (*Cf. ibid.*, p. 931).

|52

problema para o qual uma disposição política justa deveria oferecer a solução. Ei-lo, com as palavras do *Contrato*:

> *Encontrar uma forma de associação que defenda e proteja de toda a força comum a pessoa e os bens de cada associado, e pela qual, cada um, unindo-se a todos, não obedeça, portanto, se não a si mesmo, e permaneça tão livre como anteriormente*[73].

O que se segue explicado é como conseguir que cada um, unindo-se aos outros (e, portanto, privando-se necessariamente da "independência" de que gozava no "estado natural" e aceitando a "dependência" imposta pela vida associada)[74], possa continuar – ou seja, apesar disso – *obedecendo apenas a si mesmo*. Rousseau responde de forma muito clara: liberdade significa, como já evidenciamos, "a obediência à lei a si mesma prescrita". Obedecer apenas a mim mesmo não quer dizer que eu, como indivíduo, seja autorizado a decidir e fazer o que quiser (ou então viveria como se estivesse ainda no estado natural). Quer dizer, em vez disso, que, enfim unido inevitavelmente aos outros no corpo político, adquiro o direito de obedecer apenas à lei de cuja redação participei diretamente com meus associados. Da obediência muda o *sujeito*: não é mais o indivíduo preso a si próprio, mas o indivíduo como "cidadão", ou seja,

---

73    ROUSSEAU, J.-J. Du Contrat Social, em: *Oeuvres Complètes, cit.*, vol. III, p. 360 (livro I, capítulo 6).
74    *Cf.* ROUSSEAU, J.-J. Manuscrit de Genève, em: *Oeuvres Complètes, cit.*, vol. III, pp. 281-289 (livro I, capítulo 2).

como membro de um "corpo moral e coletivo"[75], que tem a tarefa de deliberar sobre as leis. A liberdade é exercida, em tal caso, *coletivamente*, e cada um, já que contribuiu com a atividade da legislação, deve seguir, em seus comportamentos privados, ou seja, como *particulier*, o que decidiu junto aos outros[76]. Apenas nesse sentido pode-se afirmar que, mesmo depois de ter abandonado a liberdade primordial, ou seja a liberdade sem relação com a liberdade alheia, *continua livre*; aquilo que realmente faz participando da assembleia na qual se delibera sobre o bem comum é aprender a decidir, junto aos seus concidadãos, o que diz respeito à totalidade dos associados. Sua vontade é respeitada à medida que ele participa ativamente da deliberação; exatamente em virtude dessa participação, é *lei para si mesmo*, é autônomo e não serve a uma vontade alheia. Isso quer dizer que liberdade política somente existe lá onde se torna lei não a *vontade de cada um*, mas a *vontade geral* tal qual emerge do confronto público na assembleia popular. Trata--se de uma vontade colhida intersubjetivamente; esta empresta sua validade do fato de constituir o resultado da busca comum que tem por objetivo a individuação da lei mais justa a ser aprovada.

No perímetro delimitado das leis assim estabelecidas haverá modo de implementar, na vida privada, a liberdade, que diz respeito a cada indivíduo,

---

75   ROUSSEAU, J.-J. Du Contrat Social, em: *Oeuvres Complètes, cit.*, vol. III, p. 361 (livro I, capítulo 6).
76   *Cf. ibid.*, pp. 362-364 (livro I, capítulo 7).

|54

de organizar a própria vida segundo a preferência de cada um. A tal propósito, escreve Rousseau:

> *Além da pessoa pública, temos que considerar as pessoas privadas que a compõem e cuja vida e liberdade são naturalmente independentes delas. Trata-se, pois, de distinguir com acerto os respectivos direitos dos cidadãos e do soberano, e os deveres a cumprir por parte dos primeiros, na qualidade de vassalos, do direito natural que devem desfrutar na qualidade de homens[77].*

A substância do que é dito é clara: a liberdade, mesmo em suas articulações de liberdade civil e política, é apenas uma, ou seja, a faculdade do sujeito humano de autodeterminar-se mediante o exercício da vontade direta da razão, no pleno controle das paixões. Podemos e devemos fazer isso tanto na esfera privada quanto na pública, realizando assim nossa finalidade de *hommes* e *citoyens*. Na esfera privada, a autodeterminação corre o risco de ser anulada pelo arbítrio de qualquer semelhante meu que me imponha sua vontade usando a força, a astúcia, o medo e assim por diante: dessa forma aconteceu, como vimos, na história da humanidade, em que, a um certo ponto, todos se tornaram inimigos uns dos outros. Para evitar isso, é necessário um soberano que faça respeitar a liberdade dos particulares, compelidos a se unir por causa da impossibilidade objetiva de enfrentar os "obstáculos prejudiciais à

---

77  *Ibid.*, p. 373 (livro II, capítulo 4).

sua conservação no estado natural"[78]. Quando transfiro ao soberano a minha "pessoa" e meus "bens", porém, nasce obviamente o perigo de perder também minha liberdade, já que daquele momento em diante minha vontade individual, parte integrante da pessoa, deve ser submetida à sua autoridade. Todos os teóricos do contratualismo moderno – Hobbes, Pufendorf, Locke, apenas para citar alguns – concordam com isso, independentemente de qualquer outra diferença que exista entre eles. Rousseau toma um caminho diferente: a liberdade, ou seja, o exercício da vontade, não se perde, não se transfere, mas *muda de forma*, passando de "liberdade natural" para "liberdade civil" e "moral"[79]. Os indivíduos não transferem ao soberano sua vontade, mas, organizando-se eles próprios em "corpo soberano", exercitam-na em comum, deliberando juntos sobre as leis. Eis a razão pela qual se torna legítimo afirmar que cada indivíduo é um contratante, *pour ainsi dire, avec lui-même*[80]: compromete-se, como indivíduo, a obedecer às leis advindas da assembleia da qual, com o ato da associação, ele se torna membro para todos os efeitos. E obriga-se, também, a aceitar as limitações que serão colocadas em sua *liberté naturelle*.

A liberdade exige, portanto, como condição imprescindível, o exercício da soberania popular direta, dotada das características de *inalienabilidade,*

---

78    *Ibid.*, p. 360 (livro I, capítulo 6).
79    *Ibid.*, pp. 364-365 (livro I, capítulo 8).
80    *Ibid.*, p. 362 (livro I, capítulo 7).

*indivisibilidade, caráter absoluto*, que são especificadas nos capítulos 1, 2, 4 (início) do livro II e que são, para Rousseau, essenciais para o objetivo de garantir a unidade do corpo político. Nesse sentido, a própria representação, essa "ideia [...] moderna"[81], revela-se incompatível com a autodeterminação política da comunidade. Assim escreve Rousseau:

> *O soberano, que nada mais é senão um ser coletivo, não pode ser representado a não ser por si mesmo; é perfeitamente possível transmitir o poder, não, porém a vontade*[82].

Mas pode-se verdadeiramente pensar uma democracia direta nas condições dos grandes Estados modernos? Rousseau não estaria elaborando uma utopia? Examinaremos um pouco mais tarde esse problema. Continuemos por ora a seguir o *Contrato social* em seu desenvolvimento interno.

O soberano opera e pode operar apenas pelas leis[83], que são contemporaneamente *expressão* e *garantia* de liberdade. *Expressão* porque representam um ato público de assembleia soberana guiada pela "vontade geral"; *garantia* porque apenas a submissão comum ao comando impessoal da norma jurídica pode evitar o arbítrio dos particulares e/ou dos grupos[84].

---

81  *Ibid.*, p. 430 (livro III, capítulo 15).
82  *Ibid.*, p. 368 (livro II, capítulo 1).
83  *Cf. ibid.*, pp. 378-380 (livro II, capítulo 6).
84  *Cf. ibidem.*

*Análise das obras* **57|**

Para que façam respeitar as leis – se necessário também pela coerção –, é delegado o "governo", ou seja, o órgão a que é confiado o poder executivo (*puissance exécutive*), sobre cuja formação, funções e composição Rousseau trata extensamente no livro III[85]. Aqui basta lembrar que o governo deve estar subordinado, a cada ato seu, à assembleia soberana[86]. A razão é clara: o poder executivo tem fins específicos e determinados, devendo, nos diversos casos, supervisar o respeito às leis por parte dos súditos[87]. Se não fosse rigorosamente sujeito ao soberano e subordinado à "vontade geral", então essa última seria substituída pela "vontade do corpo" de "magistrados"[88]. De tal forma, o interesse particular do governo em seu todo ou dos membros individuais que o compõem prevaleceria sobre o interesse comum. Não nos esqueçamos também de que o governo, para fazer com que as leis sejam respeitadas, detém o monopólio da coerção; ora, se e quando a força substituísse o direito, estaríamos de novo na condição de guerra, ou seja, aquela condição a partir da qual foi constituído o corpo político justamente para que se evitasse a guerra.

O problema fundamental da sociedade política é, portanto, evitar que o governo como corpo ou

---

85   Ver em particular, no *Contrato social*, capítulos 1-7, 12-14, 16-18.
86   ROUSSEAU, J.-J. Du Contrat Social, em: *Oeuvres Complètes*, *cit.*, vol. III, pp. 395-400 (livro III, capítulo 1).
87   *Cf. ibidem.*
88   *Ibid.*, pp. 421-425 (livro III, capítulo 10-11).

seus membros individuais usurpem as atribuições da soberania. A solução é muito difícil, tanto que Rousseau frequentemente dá a impressão de se desesperar. Ele propõe, entretanto, um procedimento tal que garanta, ao menos nos limites do possível, o controle do corpo soberano sobre o governo. É necessário prever, além das assembleias extraordinárias do povo, as assembleias ordinárias, fixadas em datas bem precisas, em que a ordem do dia deve consistir de apenas dois, mas fundamentais, pontos: julgar se se mantém ou não a forma de governo existente e se se deixa a administração para aqueles que a detêm no momento desse julgamento[89]. Pode bastar? Talvez não: "Se Esparta e Roma pereceram, qual Estado pode esperar durar eternamente?"[90]. A força que volta a dominar a lei é o que ameaça constantemente mesmo a sociedade mais bem ordenada. E essa ameaça indica, bem mais do que um impasse jurídico e político contingente, o limite de qualquer artifício humano:

> Para sermos bem-sucedidos, não devemos tentar o impossível nem nos vangloriarmos de dar à obra dos homens uma solidez que as coisas humanas não comportam[91].

As formas do governo podem ser diversas, segundo as condições físicas, sociais e econômicas dos diversos povos. Um governo "democrático",

---

89    Cf. ibidem.
90    Cf. ibid., p. 436 (livro III, capítulo 18).
91    Ibid., p. 424 (livro III, capítulo 11).

em que todos participam não apenas das funções legislativas, mas também das executivas, é adaptado para Estados muito pequenos, onde essas funções podem ser desenvolvidas de forma ágil pelas mesmas pessoas[92]. Para Estados maiores, é melhor um governo "aristocrático", em que as tarefas executivas estejam nas mãos de uma minoria (preferivelmente eleita, e não hereditária)[93]. Aos grandes Estados, adapta-se, porém, o governo "monárquico", que, entretanto, dada a concentração de poder que aí acontece, torna-se logo perigoso para a liberdade[94]. Vê-se bem, portanto, que Rousseau introduz uma drástica mudança na teoria tradicional das três formas de governo, que desde Heródoto (*Histórias*, III, 80-82) atravessa quase toda a filosofia política ocidental, pelo menos até Montesquieu[95]. Democracia, aristocracia e monarquia se tornam, de fato, no *Contrato social,* estruturas diferentes do poder executivo, enquanto o que não pode mudar de forma é a autoridade soberana, cujo papel é deliberar sobre as leis. O sujeito da soberania não deve jamais variar, sendo o povo o único que pode ter tal papel de forma legítima: "O povo, submetido às leis, deve ser autor das mesmas", pois "apenas aos que se associam compete regulamentar as condições

---

92   *Ibidem*
93   *Cf. ibid.*, pp. 404-406 (livro III, capítulo 4).
94   *Cf. ibid.*, pp. 406-408 (livro III, capítulo 5).
95   *Cf. ibid.*, pp. 408-413 (livro III, capítulo 6).

da sociedade"[96]. É este, como já observamos, o princípio da liberdade no sentido republicano.

Já falamos também de "vontade geral", mas ainda deve ser definida. Rousseau o faz no *Discurso sobre economia política*[97], para depois aprofundar seu significado no *Contrato social*. No *Discurso* escreve que a "volonté générale" é uma *regra de justiça*[98]. Isso quer dizer que não é a vontade empírica dessa ou daquela assembleia soberana, mas o *critério regulador* que cada assembleia deve seguir para fazer as leis. Tal critério é que a vontade dos cidadãos reunidos em corpo seja conforme, de forma justa, e, como tal, finalizada para o bem do todo. Vamos ao *Contrato social*, no qual se encontra a explicação desse conceito:

> *Se a oposição dos interesses particulares tornou necessário o estabelecimento das sociedades, foi a conciliação desses mesmos interesses que a tornou possível. Eis o que há de comum nesses diferentes interesses fornecedores do laço social; e, se não houvesse algum ponto em torno do qual todos os interesses se harmonizam, sociedade nenhuma poderia existir. Ora, é unicamente*

---

96    Que substitui, à tripartição usual, aquela da república, monarquia, despotismo: "o governo republicano é aquele no qual todo o povo, ou ao menos uma parte dele, detém o poder supremo; o monárquico é aquele no qual apenas um governa, mas segundo leis fixas e estabelecidas; no governo despótico, entretanto, apenas um, sem leis ou freios, arrasta tudo e todos com sua vontade e seus caprichos" (*Lo Spirito delle Leggi*, tradução italiana de S. Cotta. Turim: UTET, 1965, p. 66 [parte I, livro II, capítulo 2]).

97    ROUSSEAU, J.-J. Du Contrat Social, em: *Oeuvres Complètes*, *cit.*, vol. III, p. 380 (livro II, capítulo 6).

98    Redigido para a *Encyclopédie* e publicado em 1755.

> à base desse interesse comum que a sociedade
> deve ser governada[99].

Portanto, é bem compreensível que, para obter deliberações públicas conformes à "vontade geral", seja necessário saber distingui-la bem da "vontade particular, começando por si mesmos"[100].

Sem a capacidade, em cada cidadão, de antepor, quando delibera sobre leis, o bem de todos ao seu bem privado e sem a firme determinação de seguir não as paixões, mas a razão, a "vontade geral" na esfera política é uma palavra sem sentido. Dito em outros termos: a "vontade geral" é *raison publique*[101], "razão pública"[102], ou seja, produto de racionalidades individuais orientadas, por meio do discurso e da "persuasão" (arte já esquecida na "política moderna")[103], a estabelecer normas igualitárias de convivência.

Rousseau não reconhece à assembleia soberana a faculdade de propor as leis; esta é tarefa do governo. Mas lhe atribui claramente o direito de expressar seu próprio parecer sobre aquelas que lhes sejam apresentadas. Nas *Cartas escritas da montanha* – que ele escreve, depois da condenação do

---

99 ROUSSEAU, J.-J. Discours sur l'Économie Politique, em: *Oeuvres Complètes, cit.*, vol. III, p. 245. "Règle du Juste et de l'Injuste"(ver também Fragments Politiques [Du Pacte Social, fr. 8] em *Oeuvres Complètes, cit.*, vol. III, p. 484).
100 ROUSSEAU, J.-J. Du Contrat Social, em: *Oeuvres Complètes, cit.*, vol. III, p. 368 (livro II, capítulo 1).
101 ROUSSEAU, J.-J. Discours sur l'Économie Politique, em: *Oeuvres Complètes, cit.*, vol. III, pp. 247-248.
102 *Ibid.*, p. 248.
103 ROUSSEAU, J.-J. *Essai sur l'Origine des Langues* (XX), em: *Oeuvres Complètes*, vol. V, p. 428.

*Contrato social* e de *Emílio* pelo Pequeno Conselho de Genebra, para responder aos ataques contidos nas *Cartas escritas do campo*, que saíram anônimas (mas que na verdade são obra do genebrino Jean-Robert Tronchin, procurador-geral da cidade)[104] – distingue os três atos de "voter", "délibérer" e "opiner". São "três coisas muito diferentes". De fato,

> deliberar significa ponderar os prós e os contras; expressar a própria opinião [opiner] significa manifestar o próprio parecer e motivá-lo; votar significa dar o próprio sufrágio, quando não resta nada a não ser recolher os votos.

O procedimento é simples: "antes de tudo, submete-se a matéria à deliberação. No primeiro turno, expressa-se a própria opinião; no último, vota-se"[105]. São os três atos essenciais da soberania. E a votação, como se depreende da passagem citada, é apenas a fase conclusiva, necessariamente precedida das outras e a elas estritamente ligada.

Em síntese: a "vontade política tira sua autoridade da razão que a ditou"[106], no sentido de que é a expressão do confronto público dos *citoyens* reunidos para deliberar segundo a justiça e para se pronunciar

---

104  As *Cartas escritas do campo* foram publicadas em setembro de 1763; em 5 de novembro de 1764 Rousseau recebe do editor Rey a primeira cópia de suas *Cartas escritas da montanha*. Para essas e outras notícias, ver a introdução de Jean-Daniel Candaux às *Cartas*, em *Oeuvres Complètes, cit.*, vol. III, pp. 159-198.
105  ROUSSEAU, J.-J. Lettres Écrites de la Montagne, em: *Oeuvres Complètes, cit.*, vol. III, p. 833 (carta VII).
106  ROUSSEAU, J.-J. Discours sur l'Économie Politique, em: *Oeuvres Complètes, cit.*, vol. III, p. 249.

ativamente sobre as leis que elas são propostas. Ninguém mais pode substituir os cidadãos em tal tarefa, porque isso significaria que o povo não é mais, no sentido próprio, "autor" das próprias leis, portanto não mais é livre[107].

Não basta, porém, esclarecer abstratamente os "princípios do direito político". É preciso também certificar-se de que os homens, que são *como são* – ou seja, em sua inevitável falibilidade intelectual e sua fragilidade moral (que é a tendência a ceder às paixões, fruto do amor-próprio) – estejam em condições de desenvolver os requisitos da "vontade geral". É aqui que devemos retomar o tema do relacionamento entre a natureza humana e o contexto físico, institucional, material.

Dissemos: o homem, na antropologia de Rousseau, está sempre *em situação*, aberto às influências do ambiente, das relações sociais, do sistema de regras. A "sociedade bem ordenada" exige que as condições nas quais os cidadãos operam sejam tais que favoreçam e mantenham o espírito social e fortaleçam sem trégua os laços de cooperação e benevolência em relação a tudo o que poderia danificá-los e rompê-los. Essa é a razão pela qual Rousseau – não apenas no *Contrato social*, mas também no *Discurso sobre economia política*, no *Projeto de constituição para a Córsega*[108], e nas *Considerações sobre o*

---

107  ROUSSEAU, J.-J. Du Contrat Social, em: *Oeuvres Complètes, cit.*, vol. III, p. 380 (livro II, capítulo 6).
108  Rousseau, com esses escritos, intervém, a pedido de Matteo Buttafuoco, na complicada situação da ilha, que em 1729 se proclamou, com um levante popular, independente de Gênova. A ilha

| 64    *Rousseau*

*governo da Polônia*[109] – coloca no âmago de sua reflexão o problema dos meios pelos quais se obtêm tais objetivos. A *république* não é apenas um conjunto de regras jurídico-políticas, mas também o espaço para a formação moral e cívica dos cidadãos. Sem essa formação, os princípios do *Contrato social* permaneceriam sendo letra morta, pois não teriam sido mantidos ativos e estimulados, nos membros do corpo político, os motivos que podem levá-los a deliberar e a agir segundo a justiça. Isso explica a importância que Rousseau, retomando um tema platônico[110], atribui às leis para o amadurecimento cívico dos cidadãos[111]. Até mesmo a educação pública é, em sua opinião, um instrumento essencial para tal fim, talvez até o mais importante de todos, porque deve acostumar os membros da sociedade, desde jovens, a se sentir parte do corpo político

---

voltou para Gênova em 1748, mas em 1751 o povo se agitou novamente, levando à eleição, em 1755, de Pasquale Paoli como general da nação. Rousseau sempre olhou a Córsega com muita esperança, e considerava seu povo o único ainda capaz de receber uma "legislação" (*Cf.* Du Contrat Social, em *Oeuvres Complètes, cit.*, vol. III, p. 391 [livro II, capítulo 10]). O texto sobre a Córsega, incompleto, foi publicado pela primeira vez em 1861 por G. Streckeisen-Moultou em: *Oeuvres et Corréspondance Inédites* de J.-J. Rousseau.

109   O pedido de um projeto para a Polônia foi feito a Rousseau pelo conde Wielhorski; no outono de 1770, Rousseau aceita e começa a trabalhar intensamente. Mas a divisão da Polônia assinala o fim das esperanças da Confederação de Bar. As *Considerações* foram publicadas, em uma primeira e falha edição, em 1782. Seja a respeito dos escritos sobre a Córsega, seja pelo texto sobre a Polônia, ver as Introduções, respectivamente de Sven Stelling-Michaud e Jean Fabre, em: *Oeuvres Complètes, cit.*, vol. III, pp. 217-245.

110   *Cf.* Platão, *As leis*, 719 e 10-724 b6.

111   *Cf.* Fragments Politiques, IV [*Des Loix*, fr. 7, 9, 10, 11, 14], em: *Oeuvres Complètes, cit.*, vol. III, pp. 493-496.

e a não sacrificar o interesse público pelo privado. O fim da educação pública, que nos tempos modernos foi totalmente abandonada, consiste em cultivar e em cimentar o amor pela pátria. Por seu trâmite, a começar pela infância, é necessário impedir que o amor-próprio predomine entre os membros da sociedade. Sua função é prevenir "os males que, cedo ou tarde, nascem da indiferença dos cidadãos pelo destino da república" e de conter em limites justos

> aquele interesse pessoal que leva os particulares a se isolarem de tal modo que o Estado se enfraquece por seu poder excessivo e não se pode mais esperar nada de sua boa vontade[112].

De fato,

> não há mais tempo de mudar nossas inclinações naturais quando já tomaram seu curso e quando o amor-próprio foi reforçado pelo hábito; não há mais tempo de sair de nós mesmos, uma vez que o eu humano [moi humain], concentrado em nossos corações, adquiriu aí essa desprezível atividade que absorve toda virtude e faz a vida de almas pequenas[113].

Deveria haver, então, toda uma série de hábitos, costumes, tradições que continuamente reforcem a ligação com a pátria, a fim de evitar que os particulares se sintam separados desta e vivam como se os laços políticos, que os unem em um só corpo, não existissem. O interesse a isso dedicado marcou a obra dos grandes

---

112 ROUSSEAU, J.-J. Discours sur l'Économie Politique, em: *Oeuvres Complètes, cit.*, vol. III, p. 262.
113 *Ibid.*, p. 260.

legisladores do passado: Licurgo, Moisés e Numa. A figura típica do legislador ideal é Moisés, que

> *elaborou e executou a surpreendente tarefa de transformar em uma nação uma multidão de refugiados infelizes, sem artes, sem armas, sem recursos, sem virtude, sem coragem e que, não tendo nem mesmo uma polegada de terra própria, constituíam um grupo de homens sempre estrangeiros sobre a terra*[114].

A grandeza de Moisés é demonstrada pelo fato de que, "mesmo não existindo mais o corpo da nação", ainda assim permanece nos hebreus o sentimento da unidade nacional, que é unidade espiritual, moral, cultural, antes de ser ética e territorial[115]. Tudo isso nasce do profundo enraizamento daqueles "costumes" que estreitaram "laços de fraternidade" tais que mantêm unido, e ao mesmo tempo distinto dos outros, um povo mesmo que materialmente disperso[116]. É sobre o modelo dos legisladores do passado que Rousseau delineia a figura do "legislador" no *Contrato social* (II, 7), evidenciando que sua intervenção é decisiva para realizar a passagem difícil e delicada dos princípios ideais da boa sociedade à sua realização concreta nas "nações"[117] particulares.

---

114 *Ibidem*.

115 "As leis de Sólon, de Numa, de Licurgo estão mortas, enquanto as de Moisés, bem mais antigas, vivem para sempre" (ROUSSEAU, J.-J. Fragments Politiques [*Des Loix*, fr. 24], em: *Oeuvres Complètes*, *cit.*, vol. III, p. 499).

116 ROUSSEAU, J.-J. Considérations sur le Gouvernement de Pologne, em: *Oeuvres Complètes*, *cit.*, vol. III, p. 957 (II).

117 ROUSSEAU, J.-J. Du Contrat Social, em: *Oeuvres Complètes*, *cit.*, vol. III, p. 381 (livro II, capítulo 7).

*Análise das obras* **67|**

O legislador desenvolve duas tarefas diversas, mas estritamente conectadas: redige um código de leis compatível com as características de um povo determinado e coloca as bases para sua formação civil. Nesse sentido é, ao mesmo tempo, um *poder constituinte* e um *educador* no que diz respeito à tarefa, quase sobre-humana, de "instituir um povo", de transformar, portanto, uma "multidão" de indivíduos separados em um *corpo*[118].

A figura do legislador é importante porque nos permite confirmar o que até agora tentamos aos poucos salientar, tanto a propósito do nexo entre a natureza humana e o artifício quanto a respeito do sentido que isso tem para o homem, mesmo quando o consideramos sujeito político, o *ser em situação*. A natureza humana é um complicado emaranhado de racionalidade e passionalidade, de amor-próprio e piedade, de egoísmo e altruísmo. O fim da política é fazer com que possam ser criados e mantidos estatutos, instituições, leis, hábitos e costumes[119] que facilitem a aparição

---

118 *Ibid.*, pp. 381-384.
119 Sobre o papel da "opinião pública", ou seja, o juízo dos cidadãos, para manter os costumes de um povo respeitados e firmes (*Cf. ibid.*, pp. 458-459, livro IV, capítulo 7). Também *Cf.* a Lettre à D'Alembert sur les Spectacles, em: *Oeuvres Complètes cit.*, vol. V, pp. 9-125, em particular pp. 61-67: "Como poderá o governo aderir [...] aos costumes [*moeurs*]? Por meio da opinião pública, responde. Se nossos hábitos nascem em privado de nossos sentimentos particulares, em público nascem, em vez disso, da sociedade" (*ibid.*, pp. 63-64). Da *Lei da opinião* (*The Law* of *Opinion* or *Reputation*) já havia falado John Locke, no *Ensaio sobre o intelecto humano*, §7 e 10 (livro III, capítulo 28), mesmo que não tenha atribuído ao governo nenhum papel em sua formação e custódia, mas apenas aos "homens unidos em sociedade" (tradução italiana de V. Cicero e M. G. D'Amico. Milão: Bompiani, 2004, p. 643).

e o fortalecimento da sociabilidade, limitando o tanto quanto possível o encapsulamento de cada um em seu isolamento e na indiferença com o destino da República. O artifício político coopera com a natureza, na medida em que lhe pode favorecer os lados melhores e as inclinações mais apropriadas para a vida comum, reforçando sobretudo a razão e a consciência contra as paixões. O homem não entra no estado civil já inteiramente feito e formado, mas ali encontra as condições idôneas para seu desenvolvimento moral, que é indispensável para se tornar também um cidadão confiável e fiel. Nota-se aqui claramente que, no coração da política moderna, Rousseau reapresenta o apelo ao fim ético da cidade. Como se sabe, é um tema típico da filosofia clássica e, em particular, da aristotélica, contra a qual, entretanto, grande parte da filosofia política moderna assume uma atitude muito crítica e polêmica (basta pensar em Hobbes). Mas esse mesmo laço entre pertencimento à sociedade política justa e formação moral dos cidadãos autoriza Rousseau a afirmar que "aqueles que queiram tratar separadamente a política e a moral jamais entenderão nada de nenhuma das duas"[120].

Aqui se situa também a "religião civil", da qual se trata no último capítulo do *Contrato social*. Ela liga a moral civil a seu fundamento transcendente, ou seja, a Deus. Um Deus que não coincide com aquele de nenhuma das religiões históricas das quais Rousseau

---

120   ROUSSEAU, J.-J. Émile, em: *Oeuvres Complètes, cit.*, vol. IV, p. 524 (livro IV).

traça o perfil neste capítulo: o paganismo, o cristianismo evangélico, o catolicismo romano[121]. Trata-se
de um Deus que a razão humana pode conhecer
sozinha, sem nenhuma ajuda sobrenatural, chegando
a estabelecer de forma autônoma os dogmas de um
credo comum. Seus conteúdos são: a existência da
divindade, a vida futura, a felicidade dos justos e a
punição dos malvados no além e, finalmente, "a santidade do contrato social e das leis"[122]. Vale a pena
sublinhar ao menos três aspectos importantes da "religion civile":

- Como religião, implica a crença em alguns princípios relativos à divindade, mas como religião *civil*
também tem a função de reforçar os "sentimentos
de sociabilidade"[123] que devem existir entre os cidadãos; seu conteúdo teológico é, portanto, inseparável
de seu valor moral.

- O soberano não cria essa religião, mas a *fixa* (*il
appartien au Souverain de fixer les articles*[124]), no sentido
que a ela garante a publicidade e a observância, po-
dendo chegar até a condenação de morte aos que se
comportarem de modo contrastante a ela.

- Essa religião, tão simples em seu conteúdo dog-
mático, não exclui as outras, com suas diversas crenças, seus ritos, seus cultos particulares; isso vale com
a condição de que nenhuma seja intolerante, para

---

121 *Cf.* ROUSSEAU, J.-J. Du Contrat Social, em: *Oeuvres Complètes, cit.*, vol. III, pp. 460-467 (livro IV, capítulo 8).
122 *Ibid.*, p. 468 (livro IV, capítulo 8).
123 *Ibidem.*
124 *Ibidem.*

que todos possam conviver em paz na observância comum dos "deveres do cidadão"[125].

## 4. *Emílio*

A filosofia política de Rousseau serve-se em grande parte da parafernália oferecida pela modernidade. *Estado natural, pacto, sociedade civil* (este último termo, que, pelo menos até Hegel, é sinônimo de sociedade política) são todos instrumentos conceituais que começamos a encontrar maciçamente a partir dos anos 1600. Entretanto, em Rousseau, esses instrumentos funcionam apenas se os conectamos com uma imagem do homem, ou seja, com uma antropologia muito diversa daquela com que o individualismo moderno nos habituou, mesmo em suas variadas modulações. Rousseau não é um individualista: vimos que ele considera a sociabilidade uma capacidade humana que, já inerente aos selvagens primitivos sob a forma de "piedade", desenvolve-se à medida que as outras faculdades crescem. Além disso, ele vê na sociedade política o espaço, o *único* espaço em que o homem pode realizar completamente suas potencialidades morais. Pode-se dizer que os instrumentos são modernos, mas a substância é antiga. Platão, Aristóteles, o estoicismo – com a meditação prolongada da experiência republicana de Roma, de suas proeminentes figuras, de seus intérpretes (principalmente Plutarco) – constituem essa

---

125   *Ibid.*, p. 469 (livro IV, capítulo 8).

substância ou, pelo menos, uma considerável parte dela. Rousseau acolhe aquilo que lhe parece relevante da política moderna – sobretudo o tema dos direitos de liberdade e igualdade. Mas essa condição deve ser vista dentro do contexto de um relato da natureza humana, no qual há um grande débito em relação aos autores mencionados[126]. Mas não se diz que, para compreender um filósofo, seja necessário colocá-lo em esquemas rígidos e padronizados demais. O importante é antes de tudo compreender o que ele pretende dizer, mesmo se foge dos catálogos imaginários e frequentemente ilusórios nos quais tendemos a colocá-lo. Cada filósofo, em última análise, é único e nos pede que o leiamos como tal, não como parte de uma corrente, de um ramo, de um endereço que na realidade somos nós que estabelecemos *a posteriori*.

Isso evidenciado do ponto de vista historiográfico, resta-nos afrontar o problema que parece verdadeiramente crucial para analisar o resto de sua produção.

Quase que contemporaneamente ao *Contrato social*, Rousseau publica *Emílio* (o *Contrato* é publicado por Rey em abril de 1762; *Emílio*, por Duchesne, em maio do mesmo ano). Nas primeiras páginas se volta à *República* de Platão e declara que, contrariamente ao juízo comum, não a considera uma obra de política,

---

126    Para um quadro mais completo dessas e outras influências, ver GATTI, R. *Rousseau, il Male, la Politica*. Roma: Studium, 2012. Nesse texto busca-se evidenciar também a ligação entre a antropologia filosófica de Rousseau e a tradição agostiniana, que chega a Jean-Jacques por meio do fundamental filtro pascaliano.

mas o maior tratado sobre educação jamais escrito[127]. Em certo sentido, no que concerne a *Emílio*, pode-se dizer, de nossa parte, a mesma coisa, mas invertendo os termos: considerado um texto essencialmente pedagógico, *Emílio* é na realidade um escrito cuja inspiração de fundo é política. Constitui exatamente o livro de política mais adaptado aos tempos modernos, ou seja, a uma época que Rousseau vê caracterizada por uma crise muito profunda dos princípios fundamentais da "sociedade bem ordenada". Já observamos como ele considera a formação moral dos cidadãos o autêntico ponto crucial da educação pública, que não por acaso as repúblicas antigas colocavam na base de seu bom funcionamento. O fato, porém, é que a educação pública é praticável quando existem "pátrias", ou seja, desde que exista uma comunidade autêntica de vida entre os cidadãos, um fortíssimo apego à cidade, uma dedicação constante ao bem público, um espírito social difuso e enraizado no coração de cada um. Em resumo, aquilo que havia, para Rousseau, em Esparta ou na Roma republicana. Mas quando percebemos que, como nas sociedades modernas, a pátria não é mais sentida como tal, ou melhor, não mais existe, e em seu lugar encontramos apenas *países* (ou seja, agregações de indivíduos sem tradições, regras, instituições, costumes, sem igualdade e liberdade), então devemos nos resignar e reconhecer que aquela educação é, enfim, impraticável. A educação pública segue o destino da

---

127   *Cf.* ROUSSEAU, J.-J. Émile, em: *Oeuvres Complètes, cit.* vol. IV, p. 250 (livro I).

república: desaparece como desapareceu toda a organização republicana verdadeira. Rousseau observa com amargura que "estas duas palavras, pátria e cidadão, devem ser anuladas das línguas modernas"[128], exatamente porque as realidades correspondentes desapareceram. Consequência de tudo isso é a educação "particular e doméstica"[129], justamente aquela direcionada a *Emílio*. É preciso compreender bem o sentido dessa educação. O que a distingue em relação à educação pública do *citoyen* é que deve realizar a formação do *homem*, ou seja, de um ser que já não tem mais um espaço político onde viver e cujo âmbito de operações, se quisermos chamar assim, é, ao menos potencialmente, a Terra inteira. Entretanto, esse alargamento de horizontes não é um prelúdio de um sentido de maior liberdade e não apresenta uma perspectiva de emancipação. Em vez disso, acontece a Emílio, em certo sentido, aquilo que acontece ao homem moderno quando, na época da revolução científica e do advento da cosmologia copérnica, percebe que não mais habita um "mundo fechado", mas um "universo infinito"[130]. Encontra-se privado de pontos de referência, não mais possui um *centro*, perdeu os laços com o Todo que lhe dê equilíbrio e sentido de pertencimento. Blaise Pascal expressou da melhor forma esse sentido de confusão cósmica quando descreveu a sensação trágica do homem moderno que, após ter colocado em dúvida até mesmo a fé, encontra-se

---

128    *Ibidem.*
129    *Ibidem.*
130    *Cf.* KOYRÈ, A. *Dal Mondo Chiuso all'Universo Infinito*, tradução italiana de L. Cafiero. Milão: Feltrinelli, 1988.

|74

perdido no "espaço infinito"[131]. É o mesmo, levando a perspectiva para o plano político, para o *citoyen* da república de Rousseau: ser cidadão do mundo o faz sentir como um ser que não tem, na verdade, nenhuma cidadania, nenhuma comunidade com cujo entusiasmo, com cuja familiaridade, com cuja segurança contar. O cosmopolitismo é, no pensamento de Rousseau, um risco e não – como hoje geralmente se tende a pensar – um recurso. A seus olhos, o cosmopolita é um homem que, afirmando amar todos, na realidade não ama ninguém, simplesmente porque não é possível amar todos: quanto mais o amor se alarga, mais o amor se dilui[132]. Além disso, a *cosmópole*, sendo um universo sem pátria, não pode ter um governo político: a política existe em espaços bem definidos, comporta princípios e usos bem compartilhados no tempo, exige tradições comuns a um povo e a diversas das tradições dos outros. Falando apropriadamente, pode-se ser cidadão de uma pátria, mas não do mundo, porque o mundo não é um espaço em que possam ser cumpridos os requisitos mínimos essenciais para uma Cidade no sentido próprio definido no *Contrato social*.

---

131    PASCAL, B. *Pensées, cit.*, p. 1113 (fr. 91).
132    "A terra que habitamos é a mãe e a ama de leite comum dos homens, é a pátria do gênero humano. Todavia, nenhum sentimento específico nos liga a ela; se pudéssemos todos ser transportados a outro planeta e lá viver mais pacificamente, quem de nós arriscaria a lamentar? Não é a mesma coisa no que tange o afeto que nos liga ao país natal, à pátria propriamente dita" (ROUSSEAU, J.-J. Fragments Politiques, em: *Oeuvres Complètes, cit.*, vol. III, p. 534 [*De la Patrie*, fr. 1]).

*Análise das obras* **75**

A esse propósito, é significativa a minuciosa síntese que Rousseau redige do *Projeto de paz perpétua* do abade de Saint-Pierre, no qual se trata de "paz perpétua e universal entre todos os povos da Europa"[133]. E, quando por fim emite sobre ele um juízo, avalia-o como um "projeto totalmente absurdo"[134] e pensa que pode ser realizado apenas com "meios violentos e temíveis para a humanidade"[135].

Devemos nos colocar nesse ponto de vista para entender o que muda na passagem do *Contrato* a *Emílio* e para compreender a relação entre os dois. Tentemos esclarecer esse ponto.

Os tempos modernos assinalam a crise do ideal republicano e, com isso, a crise da política *tout court*, já que, para Rousseau, é *político*, no sentido próprio do termo, apenas aquele regime que garante, junto à unidade cívica e moral, a liberdade e a igualdade. Isso não acontece em nenhum Estado à sua época; ele os agrega em uma crítica impiedosa e sem exceções (nem à sua Genebra, que até a condenação de *Contrato social* e de *Emílio* por obra do Pequeno Conselho dessa cidade, em 19 de junho de 1762, julgava favoravelmente). O problema é como pode ser garantida a formação do homem e como ele pode viver na plenitude de suas potencialidades em um tempo em

---

133  ROUSSEAU, J.-J. Éxtrait de Paix Perpétuelle de Monsieur l'Abbé de Saint-Pierre, em: *Oeuvres Complètes*, *cit.*, vol. III, p. 564.
134  ROUSSEAU, J.-J. Jugement sur le Projet de Paix Perpétuelle, em: *Oeuvres Complètes*, *cit.*, vol. III, p. 600.
135  *Ibidem.*

| 76 *Rousseau*

que o "estado civil"[136] – que parece, pelo que vimos até aqui, o único espaço apto para fazer uma coisa e a outra – constitui enfim um mero legado do passado.

Um primeiro ponto deve ser esclarecido à primeira vista: como a sociedade atual é assinalada pela injustiça, pela desigualdade, pela duplicidade, pela hipocrisia, então o aluno deve estar em algum modo protegido e isolado desta. Deve viver, tanto quanto possível, à margem da História, porque a História é *infectada*, assim como os homens que lhe são protagonistas e partícipes. A educação doméstica não se caracteriza unicamente pela circunstância de se desenvolver entre as paredes da casa em vez de no espaço livre da cidade, mas também pelo fato de pressupor uma clara distância em relação ao tempo presente. Como o cidadão da *polis* gozava da companhia de seus semelhantes e com eles participava das tarefas comuns, Emílio deve pelo menos inicialmente ser mantido separado, porque a relação com os outros se tornou, enfim, perigosa. Deve, logicamente, aprender a viver e a se comportar em sociedade, mas com extrema prudência e muito gradualmente; será obrigado a conviver com seus semelhantes sem dividir com eles os usos, a mentalidade, os hábitos, as maneiras. Ele se tornará, nos diz Rousseau, um "gentil estrangeiro"[137] em um mundo do qual aprendeu, graças aos ensinamentos de seu preceptor, os defeitos,

---

136   ROUSSEAU, J.-J. Du Contat Social, em: *Oeuvres Complètes, cit.*, vol. III, pp. 364-365 (livro I, capítulo 8).
137   ROUSSEAU, J.-J. Émile, em: *Oeuvres Complètes, cit.*, vol. IV, p. 670 (livro IV).

as adversidades, as iniquidades, a falsidade. Emílio encarnará o "homem natural"[138] em uma coletividade na qual de natural não há mais nada, já que tudo se tornou artifício, máscara, ficção.

Os fins e as características da natureza humana não mudam, obviamente, porque a natureza não é apenas "hábito", como Rousseau pontua quase no começo de *Emílio*[139]. Que o homem seja sempre em situação, como já observamos, não quer dizer que ele se identifique totalmente com o contexto em que vive, mas significa que isso é importante para sua formação e seu desenvolvimento. Entretanto é a natureza o guia fundamental a ser seguido. E é isso, precisamente, o que, pouco a pouco, o preceptor fará com sua "educação negativa"[140], que consiste em apoiar a evolução espontânea das faculdades, interferindo e intervindo o menos possível. Deixemos que Rousseau fale:

> Ao nascer, a criança já é discípula, não do precep-
> tor, mas da natureza. O preceptor não faz nada além
> de estudar sob o direcionamento deste primeiro mes-
> tre, e impedir que seus interesses sejam contraditos[141].

Exatamente por esse motivo a "educação negativa" é, ao menos até uma certa idade, a "única boa"[142]. Trata-se da educação que – contrariamente àquela "positiva"

---

138   *Ibid.*, p. 249, *passim* (livro I).
139   *Ibid.*, pp. 247-248 (livro I).
140   J.-J. ROUSSEAU. Citoyen de Genève, à M. Christophe de Beaumont, em: *Oeuvres Complètes*, *cit.*, vol. IV, p. 942.
141   ROUSSEAU, J.-J. Émile, em: *Oeuvres Complètes*, *cit.*, vol. IV, p. 279 (livro I).
142   J.-J. ROUSSEAU. Citoyen de Genève, à M. Christophe de Beaumont, em: *Oeuvres Complètes*, *cit.*, vol. IV, p. 945.

|78

– não objetiva "ensinar a virtude ou a verdade, mas proteger o coração do vício e do erro"[143]:

> *Se pudésseis apenas não fazer nada, sem deixar que ninguém fizesse nada – diz Rousseau –, se pudésseis levar vosso aluno são e forte até a idade de doze anos sem que ele soubesse distinguir sua mão direita da esquerda, a partir de vossas primeiras aulas sua mente se abriria à razão; sem preconceitos, sem hábitos, nada haveria nele que pudesse contrariar os efeitos de vossos cuidados. Logo em vossas mãos ele se tornaria o mais sábio dos homens e, começando pelo não fazer nada, teríeis realizado um prodígio de educação[144].*

As fases da educação devem corresponder às fases da natureza. Antes de tudo, deve haver a educação da sensibilidade, porque nos primeiros anos a vida da criança é inteiramente sensorial (livro II). Depois virá a educação da razão, mas em um primeiro momento apenas da "razão sensitiva" (*raison sensitive*)[145], já que Rousseau, conhecedor de Locke, sustenta que as primeiras ideias nascem apenas dos sentidos e consistem em comparar as sensações[146]. Enfim, virá o momento de lidar com a "razão intelectual"[147] (*raison intellectuelle*), e, portanto, de ensinar a "julgar"[148], seja no campo das relações com as coisas, seja com os outros.

---

143 ROUSSEAU, J- J. Émile, em: *Oeuvres Complètes, cit.*, vol. IV, p. 323 (livro II).
144 *Ibid.*, pp. 323-324.
145 *Ibid.*, p. 417.
146 *Cf. ibidem.*
147 *Ibidem.*
148 *Ibid.*, pp. 481ss (livro III).

É a idade em que se inicia a verdadeira e própria educação do homem como sujeito moral e em que se situa o "segundo nascimento" de todo indivíduo, aquele que o apresenta à vida moral[149]. Trata-se de uma idade difícil, porque agora as paixões são sentidas com toda a sua força[150]. Não basta mais, assim, a educação negativa, mas para a substituir deve vir a intervenção direta do preceptor, para guiar Emílio e para fazer com que, no fim desse longo percurso, ele se torne um homem capaz de governar a si próprio. Isso implica que ele aprenda a escutar a voz da razão e da consciência. A *conscience* é o sentimento que nos leva espontaneamente ao bem, mas, como sentimento, não tem conteúdo definido. Por tal motivo necessita da razão, para que essa tendência espontânea seja determinada e precisada pela plena autoconsciência daquilo que deve ser desejado[151].

Assim formado, Emílio poderá aprender a ser não apenas *espectador do mundo*, mas também *ator*, naturalmente com as devidas precauções. É necessário ao mesmo tempo impedir que, destinado a viver não "no meio do bosque", mas no "turbilhão social"[152], deixe-se envolver pelas paixões e opiniões dos homens: deve permanecer ele mesmo, para evitar assumir as máscaras que a sociedade corrupta impõe e afastar o perigo de ser aprisionado na lógica da

---

149 *Ibid.*, pp. 489-490 (livro IV).
150 *Cf. ibid.*, pp. 490-493 (livro IV).
151 Sobre "consciência" ver, em particular, *ibid.*, pp. 595-601 (livro IV).
152 *Ibid.*, p. 551 (livro IV).

*reputação* e da *potência*. Eis por que cuidar de sua autonomia de juízo constitui um objetivo essencial do processo formativo. O juízo autônomo, que não se deixa levar pelas opiniões dos outros, pelos hábitos consolidados, pelo conformismo, é a premissa para a autonomia compreendida no sentido especificamente moral. Como observa o preceptor, "Emílio não é um selvagem a ser deixado no deserto; é um selvagem formado para habitar as cidades". Por tal motivo,

> *é necessário que saiba encontrar o que lhe é necessário, tirar proveito de quem as habita, e viver, se não como eles, ao menos ao seu lado. Porque em meio a tais relações novas e dependente delas, ele precisará julgar. Ensinemos-lhe, portanto, a julgar bem*[153].

Já dissemos que julgar bem significa evitar ser vítima de preconceitos; e isso significa, em primeiro lugar, recusar querer *aparecer*, em vez de *ser*. Emílio, de fato, "não se preocupa em ser estimado antes de ser conhecido". A "sua maneira de se apresentar" não é "nem modesta nem fátua, mas natural e espontânea"; ele não conhece "nem o embaraço nem a simulação, e está em meio a um círculo como se estivesse sozinho e sem testemunhas". Constitui, portanto, o sujeito que podemos definir como *autêntico*, contraposto à inautenticidade dos homens de seu tempo. Não prefere os outros a si mesmo "em suas maneiras, porque não prefere os outros a si mesmo

---

153    *Ibid.*, p. 484 (livro III).

em seu coração". Também "não lhes mostra uma indiferença que está longe de sentir"; não usa falsas cortesias, mas tem sentimentos de "humanidade" que lhe fazem interessado nos males dos outros[154]. Fala pouco "porque não se preocupa em chamar a atenção para si e, pela mesma razão, não diz nada além do útil". De fato,

> *quem conhece o suficiente das coisas para lhes conferir seu autêntico valor não fala demais, já que sabe apreciar também a atenção que lhe é dada e o interesse suscitado pelo que diz.*

Em geral, as pessoas "que sabem pouco são as que falam muito", enquanto "as pessoas que sabem muito, falam pouco"[155]. Enfim, Emílio não é um *homem de espírito*, mas de "bom senso".

> *Eu fiz com que ele entendesse – afirma o preceptor – que todas as ideias salutares e verdadeiramente úteis aos homens foram as primeiras a serem conhecidas, que em todas as épocas formaram os únicos e verdadeiros laços da sociedade, e que nada mais resta às mentes ambiciosas do que se distinguirem com ideias perigosas e fatais ao gênero humano. Essa forma de ganhar admiração não o atrai em nada*[156].

A síntese final talvez mais expressiva dessa dialética entre participação e não pertencimento ao mundo encontra-se no modelo de vida familiar que o preceptor sugere a Emílio. Estamos perto da

---

154  *Ibid.*, pp. 665-666 (livro IV).
155  *Ibid.*, p. 666.
156  *Ibid.*, p. 670.

conclusão do livro V. Emílio conheceu Sofia e, depois de um longo noivado e uma viagem também muito longa que ele faz com o preceptor, casa-se com ela. De agora em diante, Emílio e Sofia terão uma "vida patriarcal e campestre [...], a mais calma, mais natural e mais doce para quem não tem o coração corrompido". Não vão "buscar a paz em um deserto", mas encontrarão a paz em um "país" que, mesmo não sendo uma "pátria", oferecerá ao menos uma "aparência de ordem", e aqui cumprirão os "deveres" que a existência conjunta comporta[157]. A escolha do lugar onde se estabelecer não é indiferente; há um laço afetivo que nos deve manter unidos à terra natal. O preceptor admoesta seu aluno – desiludido por não ter encontrado em sua viagem algum lugar onde possam viver livres e já resignado a considerar desimportante o lugar no qual se estabelecer com Sofia – relembrando-o de que o resultado dessa escolha não será insignificante e inconsequente. É preciso estabelecer-se onde se possam cumprir os próprios deveres, que derivam do apego que nos liga à terra em que nascemos:

> Teus compatriotas te protegeram quando eras criança, tu deves amá-los uma vez que te tornaste homem. Deves viver em meio a eles ou, ao menos, em um lugar em que possas ser-lhes útil o tanto quanto possível e que eles saibam onde te achar, se precisarem de ti[158].

---

157  *Ibid.*, p. 859 (livro V).
158  *Ibid.*, p. 858.

Emílio, "gentil estrangeiro" em uma sociedade que é uma "agrégation" distantíssima da "association" teorizada no *Contrato social* (I, 5), deve dar o bom exemplo aos homens do mundo corrupto. Ele deve ser, para eles, um modelo que pode refletir, se não outro, o testemunho de que a sociedade justa, habitada por seres bons, *pode* existir[159]. Antes de iniciar sua viagem, o preceptor ensinou ao aluno os princípios da república e o fez compreender seu significado: uma importante parte do quinto livro é dedicada a uma síntese do *Contrato*[160]. Parte integrante da educação doméstica, portanto, também é a instrução política. E as viagens – como relembra o preceptor antes de seu início – têm como objetivo também a busca de um "asilo na Europa", onde Emílio e Sofia possam "viver felizes com a [*sua*] família"[161]. A Emílio não falta, portanto, o conhecimento dos fundamentos da "sociedade bem ordenada". Falta, porém, como o fim da viagem demonstrará, um lugar em que esses fundamentos possam encontrar realização adequada. O mundo está tão mudado que a república se tornou quase uma utopia, ou melhor, um ideal que mantém sua validade normativa intacta[162], mas que os

---

159   *Ibid.*, pp. 858-859.
160   *Cf. ibid.*, pp. 837-849 (livro V).
161   *Ibid.*, p. 836.
162   "As cláusulas deste contrato são de tal modo determinadas pela natureza do ato que a menor modificação as tornaria vãs e de nenhum efeito; de sorte que, *conquanto jamais tenham sido formalmente enunciadas, são as mesmas em todas as partes, em todas as partes tacitamente admitidas e reconhecidas*". (ROUSSEAU, J.-J. Du Contrat Social, em: *Oeuvres Complètes, cit.*, vol. III, p. 360 [livro I, capítulo 6]. Itálico meu).

modernos não compreendem e não mais aceitam. O que resta fazer, então? Viver testemunhando a justiça desses princípios e nutrindo a esperança de que as condições para que eles atuem amadureçam. Nesse meio tempo, Emílio e Sofia constituirão, com sua própria existência, dia após dia, o exemplo da *boa sociedade possível*. Trata-se de uma existência da qual facilmente se percebe o aspecto trágico. Ambos, na realidade, não podem não perceber e passar pelo contraste entre o que os torna partícipes da existência de seu próximo e o que, ao contrário, os obriga a manter a *diferença* que inevitavelmente os separa daqueles mesmos homens e mulheres com quem convivem. Não poderão jamais estar completamente conformes a seu tempo, como no fim das contas acontece com todas as testemunhas de um mundo mais justo do que o que existe.

Pode-se dizer, então, que Emílio seja um indivíduo *apólida*, já que vive sem uma *pátria*. Certamente tem um *país*, mas a nota de sua existência é a nostalgia de uma pátria verdadeira e própria. Contemporaneamente, ele se apresenta como homem capaz de ser concretamente *cidadão*, já que foi educado exatamente para esse fim, e também para dar testemunho sobre a virtude dentro da sociedade injusta. Coloca-se, portanto, em uma dimensão *profética*, se é verdadeiro que sua própria existência transcorre no aguardo de uma ordem nova, da qual demonstra, junto a Sofia, a possibilidade. Ao mesmo tempo, porém, representa também a renúncia (por quanto tempo?

Até quando?) à Cidade justa e a resignação em relação aos grandes defeitos da civilidade moderna, em que a sociedade boa não mais pode existir e em que a virtude se mantém na esfera doméstica, enquanto a liberdade se refugia na interioridade. Esse último aspecto aparece, com a máxima clareza, no projeto inicial que o próprio Emílio formula quando volta de sua viagem, antes de aceitar a proposta do preceptor de se manter fiel ao seu país de origem.

> *Busquei em nossas viagens – ele diz – encontrar um canto no mundo onde pudesse ser absolutamente dono de mim mesmo; mas em qual lugar, em meio aos homens, não se depende mais de suas paixões? [...] Compreendi que posse e liberdade, sendo duas palavras incompatíveis, não podia ser dono de uma cabana a não ser cessando de ser dono de mim mesmo [...]. O que farei, então, com os bens que meus pais me deixaram? Começarei a não depender deles para nada; cortarei todos os laços que a eles me amarrem; se me ficarem em mãos, eu os manterei; se me forem tirados, não me deixarei arrastar com eles [...] Rico ou pobre, serei livre. Não serei livre apenas em um determinado país ou em um determinado distrito; serei livre em toda terra. Para mim, todas as correntes da opinião estão quebradas, conheço apenas as correntes da necessidade*[163].

Em síntese, Emílio parece condenado a viver, talvez para sempre, como um homem *natural* em uma época na qual o modelo do homem *político* parece estar

---

163 ROUSSEAU, J.-J. Émile, em: *Oeuvres Complètes, cit.*, vol. IV, p. 856 (livro V).

excluído, e ser frequentemente ridicularizado. Sua educação foi iniciada com a esperança de que a fratura entre "homem natural" e "homem civil"[164] pudesse ser reduzida, e tinha justamente o objetivo de demonstrar tal possibilidade, mesmo que remota. Sua vida se mantém constantemente aberta à esperança na conciliação final dos dois termos. Entretanto, à medida que o romance pedagógico avança, parece que se aproxima a anulação de um dos polos constituídos, respectivamente, da resignada *solitude* e da esperada *communauté*. Emílio permanece, em última análise, o homem para o qual a vida política é impossível; e é destinado a levar para sempre sobre si os sinais de tal falta[165].

## 5. *Emílio e Sofia, ou os solitários*

Não se pode esquecer que *Emílio* precisou de uma continuação, da qual permaneceu apenas um rascunho, *Emílio e Sofia, ou os solitários*. É o relato do trágico insucesso da educação doméstica em um mundo infectado pelo mal, pela corrupção, pela degradação dos costumes. Uma vez saídos do laboratório encantado meticulosamente construído pelo preceptor, Emílio e Sofia, tão equipados quanto os outros a viver no mundo corrupto que

---

164   *Ibid.*, vol. IV, p. 249 (livro I).

165   "Pode-se considerar a jornada de Emílio, depois do rompimento com Sofia, o êxito extremo da parábola que o protagonista do romance pedagógico percorre, terminando, já sozinho, como errante em um mundo em que não é mais possível 'ser cidadão'" (ROUSSEAU, J.-J. *Émile et Sophie ou les Solitaires*, em: *Oeuvres Complètes, cit.*, vol. IV, p. 913).

os circunda, cedem, eles também, pouco a pouco. Vejamos, de forma breve, como isso acontece.

A obra *Emílio* termina com a imagem da felicidade matrimonial no hospital que hospeda, junto ao seu preceptor, o casal, agora a ponto de se tornarem pai e mãe. Aquela que devia ser sua continuação inicia, entretanto, com uma frase reveladora: "Tudo desapareceu como em um sonho"[166]. Emílio conta o fracasso de seu casamento com Sofia, em seguida a ter sentido que perdeu o amor pela vida[167]. Logo depois, parece descrever um tipo de deslizamento em direção à infelicidade, que caracterizou sua existência e poderia ter sido evitado, como ele mesmo tristemente afirma, apenas com uma morte precoce:

> *Minha felicidade foi precoce; começou em meu nascimento, deve terminar antes de minha morte. Todos os dias de minha infância foram dias de sorte, passados em liberdade, alegria, assim como em inocência: nunca aprendi a distinguir os ensinamentos do prazer. Todos os homens se lembram com ternura das brincadeiras de sua infância, mas eu sou talvez o único que não junta estas lembranças, de forma nenhuma, às lembranças de lágrimas derramadas [...]. Se eu tivesse morrido ainda criança, já teria gozado a vida e não teria conhecido os lamentos[168].*

As etapas dessa infelicidade começam pela partida do preceptor e são ditadas pela morte dos pais de

---

166  ROUSSEAU, J.-J. Émile et Sophie ou les Solitaires, em: *Oeuvres Complètes, cit.*, p. 881 (vol. IV).
167  *Cf. ibid.*
168  *Ibid.*, p. 882.

Sofia e da filha nascida de seu matrimônio[169]. Emílio, buscando consolo para Sofia após esses acontecimentos, propõe a ela que vá com ele a Paris[170]. Aqui, porém, ambos terminam por se tornarem vítimas dessa perda. A influência nefasta da grande cidade precipita a situação ao epílogo, que arrebenta para sempre a intimidade dos corações e torna, depois, impossível a reconciliação entre duas almas enfim destinadas a conduzir existências separadas: Sofia trai Emílio[171]. A separação definitiva já havia sido anunciada pela opacidade que entrou, pouco a pouco, em sua relação, durante os funestos dias da vida parisiense. A unidade dos corações era quebrada dia após dia, machucada pela moda, pelas distrações, pela atmosfera do mundo, mas comprometida também pela paradoxal lógica interna do amor, em que a intensidade da paixão diminui à medida que a convivência se torna hábito. Como Emílio reconhece tristemente, "não mais éramos um, éramos dois: as maneiras do mundo nos dividiram, e nossos corações não se reencontravam mais"[172].

O comportamento de Sofia na "cidade fatal"[173] tem um significado emblemático. A esposa de Emílio encarna a imagem da fragilidade de um ser que acaba, provado pelas desgraças e vencido pelo clima sedutor e obsessivo das relações mundanas, por ceder às

---

169 *Cf. ibid.*, p. 884.
170 *Cf. ibid.*, pp. 885ss.
171 *Cf. ibid.*, p. 890.
172 *Ibid.*, p. 887.
173 *Ibid.*, p. 885.

tentações. E é o próprio Emílio quem reconhece que esse "ceder" da companheira demonstra o quanto é difícil resistir à influência de um ambiente corrupto. Ele se surpreende ao se perguntar como pode ter acontecido, "ela que era a excelência e a felicidade de minha vida e se tornou a vergonha e o desespero". A causa, ou melhor, as causas estão ali, *em volta deles*: os circundam. Mas estão também *dentro deles*: os atormentam e os rasgam por dentro. Obviamente há a sedutora "moral do mundo", há as "armadilhas do vício e do exemplo", as "traições de uma falsa cordialidade" que infesta Paris como todas as grandes cidades. Mas há também a fraqueza e a fragilidade que podem fazer sucumbir qualquer ser humano, mesmo o melhor deles:

> *Inconstância e fraqueza humana, quem de nós pode fugir delas? [...] Se Sofia maculou sua virtude, qual mulher pode ousar contar com a sua?*[174].

Pouco depois, o tom fica ainda mais doloroso:

> *Depois de tantos belos anos passados a sofrer, combater e vencer incessantemente, um instante de fraqueza, um só instante de relaxamento e de silêncio, macula para sempre esta vida irrepreensível e desonra tantas virtudes*[175].

Entretanto, a fragilidade não explica tudo, porque, se assim fosse, o mal como culpa não existiria, visto que nossa fraqueza de seres imperfeitos poderia

---

174   *Ibid.,* pp. 886-887.
175   *Ibid.,* p. 897.

| **90**  *Rousseau*

justificar todas as más ações. É Emílio quem resume aquilo que, em última análise, constitui o elemento decisivo: a liberdade. Ele sente poder reprovar Sofia pelo ato que ela cometeu, porque, apesar de tudo, foi o efeito de uma livre escolha: "Sofia é culpada porque quis sê-lo"[176]. Ao mesmo tempo, diz que sente sobre si mesmo o peso das decisões tomadas, que levaram a união com a esposa, uma vez feliz, ao fim:

> Eu que a acuso [...] com qual direito ousaria julgá--la assim severamente antes de ter julgado a mim mesmo, antes de saber como devo me repreender por meus erros?

E o próprio Emílio confessa a si mesmo ter "mudado":

> Como te vi, em relação a ela, diferente nesta cidade do que foste antes! [...] A sua inconstância é obra tua [...] Tua frieza, teu esquecimento, tua indiferença te arrancaram de seu coração [...]. Ela apenas violou seus juramentos por exemplo teu; era necessário lhe dar atenção de fato, e ela jamais teria te traído[177].

Para nós, o aspecto mais importante, porém, está no reconhecimento de Emílio de que "tantos instrumentos" predispostos à sua "felicidade" por parte do preceptor só resultaram em sua "miséria"[178]. É a mesma experiência de vida do ex-aluno o que evidencia os limites do projeto pedagógico que o educador tinha tentado realizar. É claro onde está este limite:

---

176   *Ibid.,* p. 901.
177   *Ibid.,* p. 896.
178   *Ibid.,* p. 905.

consiste no fato de que o mal, apesar de causado pela civilização corrupta com a qual devem lidar Emílio e Sofia, não está enraizado unicamente nessas circunstâncias externas. Chama à responsabilidade, na realidade, também as dinâmicas que se desenvolvem na profundidade do ânimo humano, e é constituído essencialmente do mau uso da liberdade em um ser, como é o homem, constantemente preso (como já vimos) nos conflitos entre razão e consciência, de um lado, e paixões, de outro. Formado de modo a ser e permanecer o mais próximo possível da *natureza*, Emílio demonstra que o mal tem relação, sim, com as situações, com o ambiente, com o contexto, com a história, mas mostra seu enraizamento mais profundo na interioridade. Ele se aninha realmente naquela natureza humana que não é apenas bondade, transparência, espontaneidade, mas também é o difícil equilíbrio a ser conseguido entre a alma e o corpo, entre o amor às ordens e o amor-próprio, entre a aspiração ao bem e a tentação do mal. Nenhuma educação, nem a mais meticulosa, pode pretender erradicá-lo totalmente do coração do homem: pode e deve tentar circunscrevê-lo, eliminar tanto quanto possível suas ocasiões, combatê-lo sempre e em qualquer lugar, sem descanso. Mas não deve ser esquecido que o bem absoluto, sobre esta terra, é inalcançável e que o desejo de o tornar possível arrisca a que nos iludamos a respeito de nossas forças. Nós, seres por natureza falíveis e expostos à culpa, devemos nos confrontar com os males que afixam a existência – a dor, a injustiça, a desonestidade, a corrupção, a imoralidade – sabendo que podemos reduzi-los, tornar melhores a nossa vida e a vida dos outros, sem jamais podermos chegar à perfeição, que não está ao alcance do homem aqui na terra. Depois, como também Rousseau lembra na *Profissão de fé* (ver o capítulo seguinte), o juízo de Deus é que fará aquilo que não compete a nós, ou seja, o balanço final e infalivelmente justo de nossas vidas.

De tudo o que foi dito deriva, muito resumidamente, o fato de que a finitude e o sempre possível abuso da liberdade são um vínculo insuperável, tanto para a sociedade política mais bem ordenada quanto para a educação doméstica mais acurada. A obra *Emílio e Sofia, ou os solitários* nos oferece, neste sentido, mesmo incompleta, uma chave essencial de leitura útil para todo o pensamento pedagógico de Rousseau. É necessário proporcionar quantos acreditaram, e acreditam, poder interpretar sua antropologia e pedagogia apenas ou prevalentemente pela chave de um otimismo ingênuo, de um superficial *buonismo*[179], um ilusório *espontaneísmo*, que são, na verdade, todos eles aspectos inaplicáveis a *Emílio* e à sua incompleta continuação, e que juntos constituem talvez a abordagem teórica mais importante do filósofo genebrino.

---

179 NT: Não há tradução para o português deste termo, que significa a atitude que, nas relações políticas é considerada inclinada demais à compreensão e à colaboração por quem preferiria um comportamento mais agressivo; atitude de compreensão de todos os posicionamentos políticos.

# 6. A profissão de fé do vigário saboiano

Já no *Contrato social* Rousseau enfrenta o problema da religião; ele o faz sobretudo tendo consciência do papel que esta pode ter na criação e na manutenção do espírito social. O tema religioso é retomado em *Emílio*, mas desta vez a perspectiva se amplia e a religião é considerada com uma atenção específica ao seu significado intrínseco e ao seu valor absoluto para o sujeito humano em geral. Rousseau apresenta, no livro IV, uma parte sobre a religião no maior tratado pedagógico: é a *Profissão de fé do vigário saboiano*, uma das mais lúcidas ilustrações do deísmo setecentista.

O vigário saboiano não é um personagem totalmente inventado. Rousseau havia conhecido, durante sua estada em Turim, (1728-1729), don Gaime, preceptor dos filhos de um ministro de Vítor Amadeu II; havia lhe dado, como o próprio Rousseau recorda, lições de moral sadia e as máximas da chamada "reta razão"[180], para depois abordar as "origens" de tais máximas, ou seja, seu fundamento divino[181]. Don Gaime é, realmente, "ao menos em grande parte, o original Vigário saboiano"[182]. E sua religião é aquela de Rousseau.

---

180   ROUSSEAU, J.-J. Les Confessions, em: *Oeuvres Complètes, cit.*, vol. I, p. 90 (livro III).

181   *Ibid.*, p. 91.

182   *Ibidem.*

|94 *Rousseau*

Quanto ao método do vigário, ele é esclarecido desde o início. É elucidado para excluir, polemizando com o cristianismo, qualquer Revelação superior. O vigário transfere, no campo religioso, o procedimento cartesiano e conta ter chegando, em certo momento de sua vida, a se encontrar naquela condição "de incerteza e de dúvida" que torna impossível continuar a viver em paz e em serenidade de espírito[183]. A partir daqui, ele se impõe reexaminar todas as opiniões, crenças e doutrinas tradicionais sobre a divindade. Mas logo percebe que há bem pouco a aprender com o "orgulho" dos "filósofos"[184], já que quase todos ignoram os limites do espírito humano. Consciente dessa falta, recomeça sua busca, com a firme intenção de confiar, ao examinar as várias ideias sobre Deus, exclusivamente em sua razão e em sua consciência:

> *Levando, portanto, em mim, o amor pela verdade como minha única filosofia, e como meu único método uma regra fácil e simples [...], com a ajuda desta regra volto a examinar os conhecimentos que me interessam, decido admitir como evidentes todos aqueles aos quais, na sinceridade de meu coração, eu não poderia recusar meu consenso, como verdadeiros todos aqueles que me pareçam ter uma relação necessária com os primeiros, e deixar todos os outros na incerteza [...] quando não conduzam a nada de útil para a prática[185].*

---

183 Émile, em *Oeuvres Complètes, cit.*, vol. IV, p. 567 (livro IV).
184 *Ibid.*, p. 568.
185 *Ibid.*, p. 570.

Sigamo-lo, portanto, em sua busca, em que a razão e a consciência cooperam para a obtenção da verdade ou, ao menos, daquela parte da verdade acessível ao homem.

"Quem sou eu?": esta é a pergunta da qual o vigário parte. Sou – ele responde – um ser que tem sensações: trata-se de uma verdade que percebo como certa, à qual "sou obrigado a consentir". Por meio das sensações, eu provo minha existência, mas ao mesmo tempo percebo a realidade do mundo externo:

> As minhas sensações se desenvolvem em mim, já que me fazem sentir minha existência, mas sua causa está fora de mim, já que me atingem tenha eu ou não razão para elas, e não depende de mim nem as produzir nem as anular. Compreendo, portanto, claramente que a sensação que tenho sobre mim mesmo, e sua causa e/ou seu objeto, que estão fora de mim, não são a mesma coisa[186].

Tudo o que percebo no exterior é matéria, e posso estabelecer o que é esta matéria considerando suas "qualidades sensíveis"[187]. Como a vejo às vezes em movimento e às vezes em repouso, deduzo disso que nem repouso nem movimento são suas qualidades essenciais. Mas o movimento é efeito de uma causa sem a qual a matéria permanece em estado de repouso: se nada a move, conserva-se inerte. Aos materialistas o vigário objeta, portanto, que nada é mais evidente que o fato de que a matéria, por si só, não é capaz

---

186  *Ibid.*, p. 571.
187  *Ibid.*, p. 573.

de se mover; não tem, contrariamente ao que eles sustentam, um princípio de atividade interno. Não existe movimento sem vontade, como sentimos perfeitamente quando analisamos os movimentos do nosso corpo:

> *Quero mover meu braço e o movo, sem que esse movimento tenha outra causa imediata a não ser minha vontade. Tentarão, em vão, racionalizar, para em mim destruir esse sentimento, que é mais forte do que qualquer evidência; poderiam também tentar me provar que eu não existo*[188].

Se o movimento do braço é "espontâneo", aquele dos corpos do universo é "comunicado", ou seja, provém de uma causa externa, mas em ambos os casos, entretanto, é necessário sempre se supor uma "vontade" que age:

> *De minha parte, estou tão convencido de que o estado natural da matéria é o de repouso e que ela não tem, em si, nenhuma força de ação, que, vendo um corpo em movimento, julgo imediatamente que se trata de um corpo animado ou que esse movimento lhe foi comunicado*[189].

Daqui deriva o primeiro princípio da religião do vigário:

> *Todo movimento que não seja produzido por um agente externo pode vir apenas de um ato espontâneo, voluntário; os corpos inanimados não agem a não ser mediante um movimento que lhes seja*

---

188  *Ibid.*, p. 574.
189  *Ibid.*, pp. 574-575.

> *impresso, e não existe, absolutamente, ação sem vontade. Eis meu primeiro princípio: Creio que uma vontade mova o universo e anime a natureza[190].*

Chegados a esse ponto, podemos dar – sempre usando nossas faculdades e sem recorrer a qualquer fundamento sobrenatural – outro passo. O universo não é um conjunto de movimentos desorganizados e caóticos; quando o observamos e o examinamos, mostra-se nele uma ordem bem precisa, como se fosse um relógio em que cada parte se insere com perfeição, formando uma engrenagem harmônica[191]. Certamente ver a ordem não significa entender seu fim. Aqui se evidencia o limite da razão, aquele limite que leva o vigário – como havia levado anteriormente os maiores expoentes da revolução científica – a não aceitar a concepção teológica do mundo de matriz aristotélica e a rejeitar as causas finais. Concebe-se, em vez disso, o cosmos como um mecanismo do qual se pode observar e demonstrar a ordem, mas sem por isso pretender compreender o objetivo final (admitindo-se que haja um) do Todo e de cada parte dele. A existência de uma inteligência ordenadora é, portanto, o segundo dogma:

> *Este Ser que quer e que pode, este Ser ativo por si mesmo, este Ser, enfim, qualquer que seja, que move o universo e ordena todas as coisas, eu o chamo de Deus. Junto a este nome as ideias de inteligência, de potência, de vontade, que reúno, e a de bondade,*

---

190   *Ibid.*, p. 576.
191   *Cf. ibid.*, pp. 578-580.

> *que é delas uma consequência necessária [...]. Vejo Deus em todas as partes em suas obras; sinto-o em mim, vejo-o por toda a minha volta, mas, se eu tentar contemplá-lo em si mesmo, buscar onde ele está, qual é sua substância, ele me escapa e meu espírito atormentado não encontra mais nada*[192].

Se tirarmos o olhar do universo e o jogarmos ao mundo humano, a primeira coisa que nos atinge não é a ordem, mas seu oposto: o vigário vê o maior caos. As relações entre os homens são marcadas pela "confusão" e pela "desordem"[193]. Para motivar tal afirmação, não são necessários esclarecimentos particulares. Rousseau já os forneceu nos dois *Discursos* que examinamos. Mas, enquanto nos *Discursos* a perspectiva se restringia ao plano histórico, na *Profissão de fé* ela se amplia e o homem é considerado não apenas em relação à jornada de sua espécie, mas também em seu relacionamento com o universo e com Deus. A questão que Rousseau se coloca pela boca do vigário é: de onde vem o mal? A resposta é clara e ilumina, retroativamente, os *Discursos*, em que o problema já havia aparecido, como nos lembramos. Já falamos do relacionamento que, no mal, une a liberdade à *situação*. O vigário confirma tal linha de pensamento: o mal provém do abuso da liberdade em um sujeito, o homem, em que se combatem as paixões – as quais são expressões de seu componente físico, corpóreo, que tende ao bem

---

192  *Ibid.*, p. 581.
193  *Ibid.*, p. 583.

material imediato – e a razão – que, com a consciência, é manifestação da dimensão espiritual. A questão da liberdade é aquela em que Rousseau – sempre recorrendo à figura do vigário para expor suas ideias – insiste com particular força na *Profissão*. Pretende combater as teses das correntes materialistas e mecanicistas, sempre mais fortes na *philosophie* iluminista. E vê bem que o problema da liberdade é o crucial: ou o homem é livre e responsável pelo bem e pelo mal ou é uma "máquina"[194], a que não se pode atribuir nenhum mérito ou demérito pelo que faz:

> *Nenhum ser material é ativo por si mesmo, e eu o sou. Tentarão, em vão, me contestar, porque eu o sinto e esse sentimento que me fala é mais forte que a razão que o combate. Eu tenho um corpo sobre o qual os outros corpos agem e que sobre eles age; dessa ação recíproca não se pode duvidar, mas minha vontade é independente de meus sentidos, eu consinto ou resisto, sucumbo ou triunfo, e sinto perfeitamente em mim mesmo quando faço o que quis fazer ou quando cedo apenas às minhas paixões[195].*

Uma máquina não pode reivindicar para si a liberdade moral que faz do homem um ser autônomo, capaz de se autodeterminar seja individual ou coletivamente, em seu espaço privado ou no espaço público. Se nos colocarmos na perspectiva de Rousseau, dois elementos parecem evidentes. Primeiro: o materialismo prepara o ateísmo, na

---

194   *Ibid.*, p. 585.
195   *Ibid.*, pp. 585-586. Ver também p. 603.

medida em que pretende explicar a realidade apenas sobre a base da combinação de matéria e movimento. Segundo: legitima o despotismo, visto que nega a liberdade do querer e, portanto, torna impensável a busca de decisões conformes à "vontade geral". Busca essa que, na "sociedade bem ordenada", realiza-se exatamente no acordo progressivo, por meio da discussão pública sobre as leis, de vontades individuais livres em direção à vontade comum da qual deve emanar o bem da Cidade.

Nasce daqui o terceiro artigo de fé:

> *O princípio de cada ação está na vontade de um ser livre, não se pode voltar atrás [...] O homem, portanto, é livre em suas ações e, como tal, animado por uma substância imaterial*[196].

O princípio da imaterialidade da alma permite a resolução de um problema moral de grande relevância, que desde sempre os homens, filósofos ou não, se colocaram: Por que, muito frequentemente, no mundo, as pessoas justas, contanto que se comportem como devem, são sacrificadas ao mal, passam por tanto sofrimento, são arruinadas pela miséria, enquanto o injusto é feliz, goza de seus bens, ignora as vicissitudes, as tribulações e os dramas da vida cotidiana? Se a vida terrena fosse para o homem a única vida, seria impossível redimir o sofrimento do justo. Mas se a alma é espiritual, ela sobrevive ao corpo e, se sobrevive, podemos esperar que uma vida

---

196  *Ibid.*, pp. 586-587.

_Análise das obras_ **101 |**

a espere, uma vida em que os males que os bons sofreram sejam redimidos. E podemos esperar por isso; ou melhor, devemos estar certos disso, porque, como vimos, um dos atributos de Deus é a bondade, e um Ser bom não pode condenar para sempre os justos à infelicidade. Assim fala Deus, para o homem, na _Profissão:_

> _Por que dizes que a virtude não é nada, quando estás para gozar do prêmio da tua? Morrerás, pensas; não, viverás e então manterei tudo o que te prometi_[197].

Esses são os princípios essenciais da religião de Rousseau e, como vemos, encontram correspondência substancial no _Contrato social_, com a diferença de que em _Emílio_ a religião é fundamentada filosoficamente e não apenas considerada com relação a sua incidência política. Trata-se de uma fundação puramente racional e natural, sem nenhum recurso aos dogmas revelados das religiões históricas e, sobretudo, do cristianismo católico. A esses dogmas a _Profissão de fé_ reserva um amplo espaço, todo dedicado a mostrar como são inúteis e danosos. Inúteis porque se chega muito bem à existência de Deus, afirma o vigário, com "apenas a razão"[198]. E danosos porque foram introduzidos pela superstição, pelo orgulho, pela vaidade humana, degradando a própria ideia da divindade:

---

197  _Ibid._, p. 589.
198  _Ibid._, p. 607.

> *Olhai o espetáculo da natureza, escutai a voz interior. Deus não disse tudo aos nossos olhos, à nossa consciência, ao nosso juízo? O que mais nos dirão os homens?*[199]

Quanto aos milagres e às profecias, que na tradição cristã têm um papel fundamental, Rousseau coloca duas objeções. A primeira é que o testemunho dos milagres e profecias nos chega pela declaração de pessoas que afirmam sua veracidade histórica. Mas quem nos assegura a veracidade histórica dos testemunhos?

> *Deus falou! Estas, certamente, são palavras importantes. E a quem ele falou? Aos homens. E por que, então, eu não ouvi nada? Ele encarregou outros homens de nos fazer conhecer suas palavras. Entendo: são os homens quem me vêm dizer o que Deus disse. Eu preferiria escutar o próprio Deus; não lhe custaria mais, e eu ficaria a salvo de fraudes. Ele lhe protege de fraudes manifestando a missão de seus enviados. E como? Com milagres. E onde estão? Nos livros. E quem escreveu os livros? Os homens [...]. O quê! Sempre testemunhos humanos? Sempre homens vêm me dizer o que outros homens disseram! Quantos homens entre mim e Deus!*[200].

A segunda objeção é: a crença nos milagres depende da ignorância. Não conhecendo as leis da natureza, tomamos por milagres o que na realidade são fenômenos totalmente naturais:

---

199 *Ibidem.*
200 *Ibid.*, p. 610.

> *Se os milagres que o povo e os ingênuos afirmam te-*
> *rem visto fossem considerados verdadeiros, em todos*
> *os países do mundo, todas as seitas estariam corretas;*
> *teríamos mais prodígios que eventos naturais.*

Em vez disso, é "a ordem inalterável da natureza que mostra, da melhor forma, o ser supremo"[201].

Esses não são argumentos particularmente novos, e Rousseau não será o último a propô-los. O que caracteriza a *Profissão de fé* é, mais que a originalidade da estrutura teórica, a eficácia com que a "religião natural"[202] é apresentada e sustentada na tentativa de mostrar a extrema fragilidade da Revelação como o apoio da verdade religiosa.

A despeito disso, Rousseau reconhece que existem, nas Escrituras, conteúdos e eventos frente aos quais a razão não consegue dar um juízo tão categórico. Por exemplo, o sacrifício de Cristo na cruz é bem diferente da morte de Sócrates e nos interpela de forma muito mais profunda. Rousseau faz o vigário falar:

> *A morte de Sócrates, que filosofa tranquilamente com*
> *seus amigos, é a mais doce que se pode desejar; a de*
> *Jesus, que perece em meio ao tormento, injuriado, des-*
> *conhecido, maldito por todo um povo, é a mais hor-*
> *rível que se pode temer; Sócrates, levantando a taça,*
> *bendiz quem a serve chorando; Jesus, em meio a um*
> *suplício horrendo, reza por seus carnífices, que se irri-*
> *tam. Certamente, se a vida e a morte de Sócrates são*
> *as de um sábio, a vida e a morte de Jesus são as de um*
> *Deus. Digamos que a história do Evangelho tenha sido*

---

201  *Ibid.*, p. 612.
202  *Ibid.*, pp. 606-607ss.

*inventada ao bel-prazer? Amigo, não é assim que se inventa, e, no que se refere a Sócrates, de quem ninguém duvida, sua história é menos certificada que a de Jesus Cristo*[203].

E o juízo se expande ao significado da Revelação inteira:

*No que concerne à Revelação, se eu fosse mais razoável ou mais culto, talvez sentisse sua verdade, sua utilidade para aqueles que tiveram a felicidade de reconhecê-la; mas, enquanto vejo em seu favor provas que não posso rebater, vejo tantas objeções que não sou capaz de resolver. Há tantas razões sólidas a favor e contra que, não sabendo decidir, não as admito nem rejeito.*

O que acontece aqui não é a incredulidade dos ateus, mas "uma dúvida respeitosa". O vigário completa:

*Eu vos confesso também que a majestade das Escrituras me abala, a santidade do Evangelho me fala ao coração. Olhai os livros dos filósofos, com toda a sua magnificência: como são pequenos perto disso! É possível que um livro ao mesmo tempo tão sublime e tão simples seja obra dos homens?*[204].

Nesse caso, o vigário afirma que a melhor escolha é a de:

*Respeitar em silêncio o que não se saberia nem rejeitar nem compreender, e humilhar-se frente ao grande Ser, o único que sabe a verdade*[205].

---

203  *Ibid.*, pp. 626-627.
204  *Ibid.*, p. 625.
205  *Ibid.*, p. 627.

Esse "ceticismo involuntário", por outro lado, não provoca consequências danosas, já que as verdades de que nesse caso se trata são especulativas e, como tais, não decisivas para o bom comportamento do homem, a quem deve a religião ensinar em primeiro lugar[206].

Admitindo verdades que superem a razão humana, mas sem entrar em contradição com ela, e afirmando que a fé autêntica se experimenta antes de tudo nas boas obras, Rousseau ecoa motivos já presentes em múltiplas correntes da realidade nos anos 1600 e 1700 e que Locke já havia acolhido em seu "cristianismo razoável"[207]. A diferença em relação a Locke é que Rousseau não parece deixar espaço para a fé, enquanto o autor de *Ensaio sobre o entendimento humano* se concentrava, exatamente no capítulo XVIII dessa obra, a fixar os espaços de *reason* e *faith*, sem excluir nenhuma das duas da experiência do crente. A religião de Rousseau aparece, entretanto, como uma em que *raison* e *sentiment* tendem a ocupar todo o espaço, salvo a margem muito restrita da "dúvida respeitosa", que, porém, não se abre a nada além de a si mesmo. Dúvida é e dúvida permanece, sem gerar aquele próximo passo possível que poderia levar à fé como recurso positivo ante o mistério, como fonte autônoma de relação com o divino, como ponto de

---

206   *Cf. ibidem.*
207   *Cf.* LOCKE, J. Reasonableness of Christianity, as Deliver'd in the Scriptures (1695). Ver a tradução italiana de M. Sina, em: LOCKE, J. *Scritti Etico-Religiosi.* Turim: UTET, 2000.

| 106 *Rousseau*

chegada de uma humildade que Rousseau professa muitas vezes, mas que não parece jamais exercitar por completo. A humildade do cristão se inclina a tudo aquilo que a razão não consegue reduzir à sua medida. Ao contrário, a razão do vigário proclama sua autossuficiência:

> *A melhor de todas as religiões é sem dúvida a mais clara: aquela que carrega de mistérios e contradições o culto que me ensina, com isso, a dele duvidar. O Deus que adoro não é de fato um Deus de escuridão, e não me dotou de inteligência para me proibir seu uso; dizer que eu submeta minha razão significa ofender quem a me deu. O ministro da verdade não tiraniza minha razão, mas a ilumina[208].*

Dito isso, não é necessário, porém, subvalorizar o esforço, que na *Profissão* é realizado, de erigir uma barreira contra o ateísmo, o que Rousseau vê como um possível êxito daquilo que interpreta como a crise de época do cristianismo europeu. Certamente, pode-se sustentar – como havia feito Pascal nos *Pensamentos*, referindo-se sobretudo a Descartes – que entre deísmo e ateísmo a distância é curta, tão curta que consente que o cristão afirme que são quase a mesma coisa[209]. Mas Rousseau não quis ser ateu; combateu decididamente o ateísmo, por ele considerado o efeito último de uma filosofia que não consegue se manter nos limites da "dúvida

---

208 ROUSSEAU, J.-J. Émile, em: *Oeuvres Complètes, cit.*, vol. II, p. 614 (livro IV).
209 *Cf.* PASCAL, B. *Pensées, cit.*, p. 1280 (fr. 602).

respeitosa" e, na pretensão de explicar tudo. Ele elimina integralmente o que a supera, vale dizer aqueles aspectos da religião que para Rousseau parecem não suscetíveis ao juízo. Nesse orgulho ele vê também as raízes da intolerância, que interpreta – diversamente de Locke – não como expressão de fanatismo religioso, mas da presunção filosófica e científica, do "espírito filosófico", o qual conduz inevitavelmente à incredulidade.

> *Se o ateísmo não faz com que o sangue dos homens seja derramado – assim escreve – é menos por amor pela paz do que pela indiferença quanto ao bem; como vão as coisas pouco importa ao suposto sábio, com a condição de que possa permanecer em repouso em seu estúdio. Seus princípios não fazem com que os homens sejam mortos, mas os impedem de nascer [...], reduzindo todos os sentimentos a um secreto egoísmo*[210].

O que Rousseau elimina não é o transcendente, que aliás busca motivar no plano filosófico, mas o sobrenatural, que ele exclui. Ele admite a transcendência de Deus em relação ao mundo ("a suprema inteligência que governa o mundo não coincide com este")[211]. Mas quando se trata do sobrenatural, ou seja, do que supera, pela própria essência, a natureza e a razão (e frequentemente, aliás, contradiz ambas), ele afirma não entender nem o que quer dizer esta palavra: "Surnaturel! Que signifie ce mot? Je ne l'entend pas"[212].

---

210  ROUSSEAU, J.-J. Émile, em: *Oeuvres Complètes, cit.*, vol. IV, p. 633 (livro IV).
211  *Ibid.*, p. 592.
212  *Ibid.*, p. 616.

Sabemos que a barreira da religião natural – herdeira, por muitos aspectos, do "cristianismo razoável" de Locke – não resistiu ao desenvolvimento do ateísmo e do consequente imanentismo. A filosofia religiosa de Rousseau deve ser considerada, no âmbito do Iluminismo, uma das mais intensas expressões teóricas da oposição ao ateísmo e, contemporaneamente, a demonstração da fraqueza do racionalismo moderno ante a tarefa de ser um obstáculo eficaz a ele: uma tarefa que Rousseau também alerta ser essencial.

## 7. *Júlia, ou a nova Heloísa*

Podemos nos perguntar, agora, o que liga os escritos políticos e a obra pedagógica de Rousseau ao resto de sua produção, principalmente ao romance *Júlia, ou a nova Heloísa* – um dos mais célebres de seu tempo e que obtém enorme sucesso em toda a Europa – e depois aos textos autobiográficos (*Confissões, Rousseau juiz de Jean-Jacques, Devaneios do caminhante solitário*).

*A nova Heloísa* é o relato, em forma de romance epistolar, do amor entre os protagonistas, Saint-Preux e Júlia. Trata-se de um amor não aceito pelo pai de Júlia, que força os dois amantes a se separarem. Ela se casa com um amigo do pai, Wolmar, e vive aparentemente feliz, até que Saint-Preux os encontra na encantadora casa de Clarens, aos pés dos Alpes. Pouco a pouco a paixão por Saint-Preux, que Júlia acreditava já ter superado, aflora novamente e cresce, estimulada pela proximidade com o amante de outrora. O amor conjugal cede diante da força renascente do amor-paixão e, pouco antes de morrer em decorrência de uma queda, Júlia confessa: nunca, na realidade, o amor por Saint-Preux havia sido vencido e superado pela paz conjugal, pelo afeto aos filhos que tivera com Wolmar, pelas amizades que a circundavam em Clarens. A paixão sempre tinha ameaçado tudo isso, até triunfar.

Há muitas chaves de leitura úteis para compreender esse romance. Talvez uma seja melhor que as outras para colocá-lo no âmbito do perfil intelectual de Rousseau. É ele mesmo que nos indica essa chave quando, repetidamente, em seus escritos autobiográficos, nos lembra de sempre ter estado internamente dividido pelos espíritos "romano" e "romântico"[213]. É preciso tentar compreender o significado dessa tensão interna, que surge como uma verdadeira e própria antítese, como uma laceração que atormentou Jean-Jacques sem jamais encontrar uma composição definitiva[214].

O espírito *romain* é aquele que anima os escritos políticos, com sua paixão republicana e com a exaltação das antigas virtudes, já perdidas pelos modernos. É o espírito que dita a Jean-Jacques os comportamentos austeros e as escolhas de vida opostas aos costumes do tempo, fazendo com que ele tome a

---

213   ROUSSEAU, J.-J. Les Confessions, em: *Oeuvres Complètes*, *cit.*, vol. IV, p. 543 (livro X).
214   Ver GATTI, R. *Storie dell'Anima. Le Confessioni di Agostino e Rousseau*. Brescia: Morcelliana, 2012.

estrada da "reforma" de sua própria existência[215], de forma a realizar a maior coerência possível entre o ideal "romano" e seus hábitos, seu estilo de vida, suas atitudes cotidianas. Escutemos:

> *No ano seguinte, 1750, enquanto não pensava mais no meu discurso* [aquele sobre as ciências e as artes, obviamente]*, soube que ganhara o prêmio em Dijon. Essa notícia despertou todas as ideias que o ditaram a mim, deu-me novas forças, e começou a fermentar em meu coração aquele primeiro germe de heroísmo e virtude que meu pai, minha pátria e Plutarco ali haviam colocado em minha infância. Nada me era maior e mais belo que ser livre e virtuoso, superior à fortuna e à opinião, e de bastar e mim mesmo*[216].

Para não depender, ou para depender o menos possível dos outros, começa a ser aprendiz de copista de música, priva-se da peruca e da espada, vende seu relógio[217].

Mas a identidade entre vida e escritura, a coerência plena com seus austeros princípios, a unidade entre o *interno* e o *externo*, nunca são alcançadas definitivamente. Novamente Jean-Jacques nos guia na compreensão desse fracasso. Não muito tempo depois do início da reforma de sua vida, eis que uma drástica mudança acontece, assim que deixa Paris:

> *O espetáculo dos vícios desta grande cidade não mais alimentava a indignação que ela me havia*

---

215   ROUSSEAU, J.-J. Les Confessions, em: *Oeuvres Complètes, cit.*, vol. IV, p. 363ss (livro VIII).
216   *Ibid.*, p. 356.
217   *Cf. ibid.*, p. 363.

*inspirado. Quando não mais via os homens, parei de desprezá-los; quando não mais via gente malvada, parei de odiá-la [...]. Essa condição, mais agradável, mas menos sublime, logo atenuou o ardente entusiasmo que me havia levado por tanto tempo, e [...] voltei a ser temoroso, complacente, tímido; em uma palavra, o mesmo Jean-Jacques de outrora*[218].

Nesse estado de ânimo – não mais sob a insígnia da severidade, da austeridade, da combatividade, mas esquivo, flexível, conciliador – a inclinação "romântica" leva a melhor. Assim, Jean-Jacques, despido das roupas do "romano", abandona-se em busca do silêncio e da solidão em contato com a natureza, de lugares longe do tumulto das cidades, do retiro junto a poucos e confiáveis amigos. Não mais o imperativo da virtude republicana, mas a busca por uma prudente sabedoria agora é o que guia sua existência. Trata-se de um ideal que reencontramos na descrição da vida uniforme e simples que, nas *Confissões*, lembra-se de ter conduzido nas Charmettes junto a Mme. de Warens[219], na Ermitage (onde vai morar em abril de 1756), no pequeno castelo de Montmorency, e enfim no lago de Bienne, na Suíça. Rousseau fala desses lugares como verdadeiros *paraísos na Terra*, nos quais a "vida inativa e tranquila" lhe consente a "quietude" em uma existência distante "das grandes virtudes e mais distante

---

218    *Ibid.*, p. 417 (livro IX).
219    A primeira estada nas Charmettes data de 1735 ou 1736.

ainda dos grandes vícios"[220]. Em cada um desses lugares de delícia, continuamente perdidos e reencontrados, o aspecto principal continua sempre o mesmo, apesar de estar em formas diferentes e em correspondência a diversos períodos de sua vida: São espaços protegidos das vicissitudes lacerantes do mundo da grande cidade, nos quais ele pode ter relacionamentos a seu gosto, sem as aparências da sociedade moderna, renunciando de bom grado à glória e à celebridade. E gozando desse seu ser em uma distância segura do rumor do mundo, colhe e classifica ervas, passeia nos bosques, abandona-se à imaginação, estuda e escreve distribuindo o tempo como quer, cultiva poucas e seletas companhias.

Com Rousseau, transitar da existência real à realidade romântica é fácil, quase natural: e eis que, em *A nova Heloísa*, encontramos em certo ponto os protagonistas, ou seja, Júlia, Saint-Preux, Wolmar e seus amigos mais íntimos reunidos exatamente em um lugar em que se encontram todas essas características, embelezadas pela excepcional fantasia do autor. Ele se chama Clarens e é um local em que convivem, na mais plena harmonia, poucos indivíduos unidos, depois de muitos acontecimentos, por uma secreta e profunda afinidade dos corações (parte VI, carta 8). Aqui parece possível realizar aquela compenetração dos ânimos e dos corações que a sociedade externa impede. Os protagonistas desse pequeno universo encantado se entendem

---

220 ROUSSEAU, J.-J. Les Confessions, em: *Oeuvres Complètes*, *cit.* vol. I, p. 277 (livro VII).

mesmo na ausência de qualquer discurso. Sua existência transcorre em atividades simples, que vão do cuidado da casa, tarefa de Júlia, do cultivo de suas terras, a cargo de Wolmar, até a educação dos filhos (parte V, carta 3) e a relação com os servos (parte V, carta 2). Paralelas a tudo isso estão as leituras, as conversas, as festas. Esses são momentos importantes, porque toda a comunidade se reúne, empregados inclusive, em uma união que, por um instante, suspende a desigualdade das classes (parte V, carta 6).

Clarens constitui, além disso, uma pequena sociedade autossuficiente em que as maiores necessidades são satisfeitas sem recurso externo (parte V, carta 2). E está aqui o caráter principal de tal lugar, felizmente às margens da civilização: em um mundo corrupto, infestado pelo mal, pela injustiça, pela opressão, pela hipocrisia. Clarens representa uma ilha em que não penetram os miasmas da sociedade externa. Ilustra um microcosmo à parte em relação ao mundo de máscaras, de fingimentos, de aparências; um microcosmo em que os laços fundamentais se constituem não por leis, como na sociedade do *Contrato social*, mas pela compenetração dos corações, da amizade, da confiança recíproca. Trata-se, em suma, de uma *comunidade impolítica*, em que a felicidade de cada um se liga à dos outros, enquanto a transparência de seus corações torna supérflua a mediação das instituições, das ordens, das regras que governam a república conforme delineada nas obras políticas.

Sim, o romance narra, no fim, o substancial fracasso dessa comunidade: a retomada da paixão entre Júlia e Saint-Preux e a morte de Júlia acabam com o encanto (parte VI, cartas 9-13). Mas o valor de Clarens continua igual e nos questiona seu significado.

Esse significado pode ser obtido pela conexão com tudo o que se havia dito antes sobre *Emílio*: a (suposta) civilização moderna torna, se não impossível, extremamente difícil a realização da "sociedade bem ordenada" e obriga a reflexão sobre alternativas à crise da política, que parece a característica fundamental desta época. *Emílio* e *A nova Heloísa* indicam, dessa perspectiva, duas formas possíveis de existência que se situam do lado de fora da corrupção dominante. Mas são, entretanto, diversas. Emílio aceita conduzir sua existência no país em que nasceu, praticando um tipo de *moral provisória* na esperança de que se reconstituam (se alguma vez se reconstituirão) as condições para a boa sociedade. Os protagonistas do universo encantado de Clarens moram, em vez disso, além dos limites da sociedade falsa e injusta, com a qual têm o menor número de contatos possíveis (leem os jornais, escolhem seus servos do território vizinho, recebem notícias de alguns amigos selecionados, principalmente lorde Bomston). Mas os elementos em comum da vida de Emílio e Sofia, de um lado, e da vida dos habitantes do "paraíso divino" em Vallese, de outro, colocam as distinções em segundo plano: todos constituem modos de vida não políticos em um tempo em que a vida política autêntica já parece ser quase uma utopia.

## 8. Entre utopia e história: os escritos sobre Genebra, Córsega e Polônia

É bom, porém, prestar atenção: esta vida política autêntica é *quase* uma utopia, mas *não o é* no sentido próprio do termo. Rousseau, até o fim de seus dias, jamais parou de escrever sobre política e buscou incansavelmente o caminho para que os "princípios do direito político" atuassem na história. Ele o fez em três ocasiões principais:

● Quando respondeu, com suas *Cartas escritas da montanha* (1764), às críticas do procurador geral Jean-Robert Tronchin nas *Cartas escritas do campo* (primeiras quatro cartas publicadas em setembro de 1763, a quinta, em outubro); neste caso, reagindo à condenação do *Contrato* e de *Emílio* por parte do Pequeno Conselho de Genebra (19 de junho de 1762), tratou de problemas religiosos (primeiras seis cartas) e de problemas políticos concernentes à condição da cidade de Genebra (cartas 7-9).

● Quando elaborou, a pedido de Matteo Buttafuoco, um projeto de constituição para a Córsega (escrito provavelmente entre janeiro e setembro de 1765 e publicado postumamente em 1861).

● Quando, sobretudo, redigiu, entre outubro de 1770 e abril de 1771, as *Considerações sobre o governo da Polônia,* a pedido do conde Wielhorski (a publicação é de 1782, portanto também póstuma; mas muitas cópias não autorizadas circularam a partir de 1772).

Este último texto é particularmente importante porque coloca Rousseau frente a uma das questões mais delicadas que o *Contrato social* parece deixar sem solução (excetuando brevíssimas menções): como fazer com que nos grandes Estados modernos em via de avançada formação (entre os quais a Polônia, com todos os seus gravíssimos problemas internos) atue o ideal da soberania direta do povo? O ponto crucial é evidenciado de forma clara por Rousseau, que nesse caso surge como o verdadeiro e próprio *legislador* dos poloneses. "Reformar o governo da Polônia" comporta a necessidade de "conferir à constituição de um grande reino a consistência e o vigor de uma pequena república"[221]. Porém a "grandeza das nações" e a "extensão dos Estados" são a "principal fonte das desventuras do gênero humano", além das "inumeráveis calamidades que minam e destroem os povos organizados politicamente"[222]. Seu destino é a anarquia ou o despotismo. Rousseau recupera o antigo princípio segundo o qual há uma *medida* para os Estados, que não deveriam jamais superar se houver o desejo de serem organizáveis na forma política, ou seja, segundo os critérios do *Contrato social*. Aos poloneses, sugere o que lhe parece ser o único caminho: "o sistema dos

---

221  ROUSSEAU, J.-J. Considération sur le Gouvernement de Pologne, em: *Oeuvres Complètes, cit.* vol. III, p. 970 (V).
222  *Ibidem.*

governos federais [*Gouvernements fédératifs*]", o qual permite descentralizar o poder sem que o laço da "legislação comum" se enfraqueça[223].

Além disso, os grandes Estados têm outro inconveniente: "o poder legislativo não se pode mostrar diretamente, e não pode agir a não ser por meio dos deputados"[224]. Já no *Contrato* houve uma crítica feroz da representatividade, e o motivo é claro: representar significa exatamente "alienar". Um povo que se dá representantes não mais se autogoverna e o único momento em que goza da liberdade é aquele no qual deposita o voto na urna, depois do qual volta a ser "escravo"[225]:

> *A soberania não pode ser representada, pela mesma razão que não pode ser alienada; ela consiste essencialmente na vontade geral, e a vontade de modo algum se representa; ou é a mesma ou é outra; não há nisso meio termo. Os deputados do povo não são, pois, nem podem ser seus representantes; são, quando muito, seus comissários e nada podem concluir definitivamente. São nulas todas as leis que o povo não tenha ratificado; deixam de ser leis. O povo inglês pensa ser livre, mas está completamente iludido; apenas o é durante a eleição dos membros do Parlamento; tão logo estejam eleitos, é de novo escravo, não é nada. Pelo uso que faz da liberdade, nos curtos momentos em que lhe é dado desfrutá-la, bem merece perdê-la[226].*

---

223 *Ibid.*, p. 971.
224 *Ibid.*, p. 978.
225 ROUSSEAU, J.-J. Du Contrat Social, em: *Oeuvres Complètes*, *cit.* vol. III, p. 430 (livro III, capítulo 15).
226 *Ibid.*, pp. 429-430.

|118

Mas o radicalismo do *Contrato*, que arriscaria verdadeiramente condená-lo a ser uma utopia, diminui em razão do esforço que – frente à inevitável expansão dos Estados modernos – Rousseau cumpre quando busca a mediação entre os princípios do direito político e a realidade histórica de seu tempo. Trata-se de agir em três direções convergentes:

• Estruturar, como já mencionado, a Polônia segundo o "sistema de governos federais, o único que reúne as vantagens dos Estados grandes e dos Estados pequenos"[227].

• Aumentar a frequência das reuniões do legislativo, cujo papel, na Polônia, pode ser desenvolvido, uma vez reformados, pelas "Dietas", os organismos criados no fim do século XV; e, ao mesmo tempo, introduzir uma rápida rotação dos deputados, para impedir a corrupção.

• Vincular "os representantes a seguirem exatamente as instruções recebidas e a prestar contas de forma rigorosa, a quem os elegeu, da conduta na Dieta". Em resumo, deve-se introduzir o mandato imperativo:

> *É necessário que, a cada palavra que o enviado menciona na Dieta, a cada passo que dá, veja-se antecipadamente sob o olhar de seus eleitores e sinta a influência que o juízo destes terá, seja sobre seus projetos de desenvolvimento, seja sobre a estima de seus compatriotas*[228].

---

227  ROUSSEAU, J.-J. Considérations sur le Gouvernement de Pologne, em: *Oeuvres Complètes, cit.*, vol. III, p. 971 (V).
228  *Ibid.*, p. 980 (VII).

E, aqui também, Rousseau repete ironicamente sua crítica ao regime inglês:

> *Sobre isso, posso apenas admirar a negligência, o descuido e, se posso ousar dizê-lo, a estupidez da nação inglesa que, depois de ter dotado seus deputados do poder supremo, não impõe nenhuma barreira para regular o uso que eles poderiam fazer desse poder durante os sete anos inteiros de seu mandato* [commission][229].

Já dissemos que, nas obras autobiográficas, Rousseau nos conta sobre seu retiro na quietude da vida doméstica, em lugares longe do mundo das grandes cidades, com companhias restritas, em contato com a natureza. Em suma, parece colocar-se em uma dimensão sempre mais longe da paixão política. Os *Devaneios do caminhante solitário*, escritos no verso de cartas de baralho, são sem dúvida o testemunho mais tocante dessa fuga do mundo e desse retrocesso do interesse político. A confissão, a busca introspectiva, o diálogo consigo mesmo, a tentativa de se desculpar de tantas críticas, acusações, traições que seus comportamentos e escritos lhe causaram, assumem uma crescente importância. Ainda, parecem ocultar o resto, que como já vimos, existe. E demonstra a intenção de Rousseau de não omitir "os princípios do direito político", mas de confrontar o problema que é a eles conectado de modo inextricável: como e onde encontrar uma mediação eficaz entre esses

---

229 *Ibid.*, p. 979.

princípios e a história da Modernidade, que está aparentemente em um conflito insolúvel com eles.

Nessa abordagem Rousseau nos recorda, sob muitos aspectos, Platão, para o qual o retiro do filósofo atrás do "pequeno muro"[230] – depois da constatação das dificuldades que ele havia encontrado e continuava a encontrar na Cidade – não é um retiro definitivo. Exprime, porém, a tensão entre a vontade de manter a coerência e a pureza dos fundamentos da política, de um lado, e de outro, a consciência das resistências que a realidade nos opõe, em que o contraste entre a vida e a forma, entre a transparência de princípios e a opacidade que a história dos homens sempre traz consigo nunca será completamente eliminável. Ambos, Rousseau e Platão, demonstraram, de forma diversa e em tempos diferentes, a complexidade da relação entre *verdade* e *política*.

Entretanto, se olharmos bem, é exatamente essa relativa irredutibilidade da política à verdade, essa possibilidade de abertura apenas parcial e imperfeita da primeira em relação à segunda, que salva a liberdade. Na política, a liberdade deve ser garantida justamente porque constitui a condição para a busca sem fim do que pode corresponder, da forma menos incompleta possível, à verdade. De tal abertura depende a realização prática da justiça, da igualdade, do bem comum. Não somos livres porque não existe verdade – como muitas correntes filosóficas sempre sustentaram, sobretudo nos decênios mais perto de

---

230   PLATÃO. *A República*, VI, 496 d 9.

nós. Somos livres porque a verdade nos interroga, em sua inexauribilidade; e, interrogando-nos, exige que sejam criadas e que funcionem todas aquelas instituições e regras que nos consintam discutir clara e pacificamente tudo o que ela nos exige que façamos e que evitemos. Isso vale não apenas no plano teórico, mas nas condições específicas particulares de cada sociedade; estamos no âmago de um processo que atinge todos os campos da existência humana, que exige o trabalho da mediação entre o absoluto e o relativo, e que nunca terá fim enquanto os homens habitarem a terra. Apesar de todas as suas faltas, a democracia é o regime que melhor satisfaz tais requisitos e que mantém em si o relacionamento mais consoante com a busca da verdade na prática.

# III. Conceitos--chave

> [...] *desconheço a arte de ser claro*
> *para quem não deseje ser atento.*
> (*O contrato social*, III, 1)

**Amor de si – amor-próprio**: O *amor de si* é um "sentimento natural" que leva não apenas o homem, mas todos os animais, a "buscar a própria conservação". No ser humano, o *amor de si*, "dirigido pela razão e modificado pela piedade, gera a humanidade e a virtude". O amor-próprio, em vez disso,

> *é apenas um sentimento relativo, artificial, nascido na sociedade, que conduz todo indivíduo a dar mais importância a si mesmo que a qualquer outro, inspirando aos homens todos os males que fazem reciprocamente*[231].

Quanto a seus fundamentos, a relação entre *amor de si* e amor-próprio se reporta ao dualismo entre as dimensões material e espiritual:

> *O homem – escreve Rousseau* na Carta a Christophe de Beaumont, *arcebispo de Paris* (1763) – *não é um ser simples, mas* [...] *composto por duas substâncias.*

E precisa que, por consequência, mesmo:

---

231    ROUSSEAU, J.-J. Discours sur l'Inégalité, em: *Oeuvres Complètes, cit.*, vol. III, p. 219 (nota XV).

> *o amor de si não é [...] uma paixão simples, mas tem dois princípios, a saber, o ser inteligente e o ser sensitivo, cujo bem-estar não é o mesmo.*

De fato, "o apetite dos sentidos tende ao bem-estar do corpo e o amor à ordem, àquele da alma"[232]. Nesse sentido, o "amor-próprio" não é uma paixão oposta, mesmo que geneticamente, ao *amor de si*, mas a expressão do *amor de si* naqueles que, envolvidos nas relações sociais, antepõem o "apetite dos sentidos" ao "amor à ordem"[233] e, por consequência, se inserem no egoísmo, buscando seu próprio interesse à custa do dos outros; por consequência, tornam-se inimigos de seus semelhantes.

**Bondade**: No homem que vive no "estado natural", emerge da confluência de *amor de si* e "piedade", conforme à máxima de *fazer o próprio bem com o mínimo mal para os outros*[234]. Vai, porém, ao encontro do xeque-mate quando as relações humanas se ampliam e requerem o recurso a outros princípios, que só podem ser inspirados pela virtude (*vide*).

**Censura**: A "declaração do julgamento público" (*jugement publique*) em relação aos comportamentos dos membros da sociedade; o Censor deve saber conservar tal juízo. O "tribunal censório" não é, portanto, o "árbitro da opinião do povo", mas a "expressão" desta. Sua atividade deve objetivar manter e reforçar os "costumes" não com o uso da

---

232   ROUSSEAU, J.-J. *Oeuvres Complètes*, *cit.*, vol. IV, p. 936.
233   *Ibidem*.
234   ROUSSEAU, J.-J. Discours sur l'Inégalité, em: *Oeuvres Complètes*, *cit.*, vol. III, p. 156.

coerção, mas explorando sabiamente o desejo que todo indivíduo tem de ser estimado pelos outros e, portanto, fazendo com que as ações virtuosas sejam reconhecidas e compensadas publicamente pela atribuição da justa honra que merecem seus autores: "quem julga os costumes julga a honra e quem julga a honra faz sua lei da opinião"[235].

**Cidadão**: O membro da assembleia soberana, à qual tange fazer as leis.

**Consciência**: O "amor pelo bem" e pela "ordem". Contrariamente ao significado corrente na tradição escolástica, Rousseau a considera não um *juízo*, mas um *sentimento*. Não se trata de uma deliberação que concerne ao modo de aplicação a casos particulares de normas gerais conhecidas pelo intelecto, mas de uma força interior que impulsiona o sujeito a agir de maneira conforme ao bem apreendido pela razão.

> *Mesmo que todas as nossas ideias nos cheguem de fora, os sentimentos que as apreciam estão dentro de nós, e é por seu trâmite que percebemos quais são as coisas a buscar ou das quais fugir em relação ao nosso bem*[236]

Rousseau compreende perfeitamente que a razão calculante moderna, na medida em que é uma simples equação das consequências (*se então*), não pode ter uma força interna sua para conduzir o

---

235  ROUSSEAU, J.-J. Du Contrat Social, em: *Oeuvres Complètes, cit.*, vol. III, pp. 458-459 (livro IV, capítulo 7).
236  ROUSSEAU, J.-J. Émile, em: *Oeuvres Complètes, cit.*, vol. IV, p. 599 (livro IV).

homem à ação. É a consciência que se encontra investida dessa função e pode desenvolvê-la, porque essa é a voz da natureza que ressoa nas profundezas do coração humano. Observe-se que, assim considerada, a consciência é, em última análise, aquela voz de *sentimento* que, em Pascal, indicava o lugar em que a Graça divina chega a tocar o ser humano. Aquela da qual Rousseau fala parece, portanto, configurar--se como a força de uma fé sem a Graça ou, melhor, de um impulso do coração em que a natureza toma o posto da Graça.

**Contrato social** [*contrat social – pacte social, acte d'association*]: O ato pelo qual os indivíduos passam do "estado natural" ao "estado civil", constituindo consensualmente o "corpo político" como "pessoa pública" que desse ato recebe "sua unidade, seu *eu* comum, sua vida e sua vontade"[237]. Nasce da insuficiência dos particulares em prover sua própria conservação; requer, portanto, que se crie uma "soma de forças" para fazer frente aos obstáculos que impedem qualquer homem de subsistir de forma isolada e independente dos outros[238]. Com o contrato social, cada um coloca em comum a própria pessoa, os próprios bens e o próprio "poder" sob o "supremo comando da vontade geral"; unindo-se a todos em "corpo", ninguém perde sua liberdade, pois, alienando-a totalmente como "liberdade natural", todos a reencontram como liberdade civil e política.

---

237 *Ibid.*, vol. III, p. 361 (livro I, capítulo 6).
238 *Ibid.*, p. 360.

Gozar da liberdade política significa que, por meio do contrato, cada associado se torna "parte indivisível" da assembleia soberana e deve, de agora em diante, obedecer apenas àquelas leis sobre as quais deliberou com todos os outros cidadãos[239]. Ao mesmo tempo a lei, garantindo o associado por cada "dependência" pessoal (e, portanto, potencialmente arbitrária), realiza as condições da "liberdade civil" (*vide* Liberdade). No "*pacte social*", cada um se associa não apenas com os outros, mas também, "por assim dizer", consigo mesmo[240], no sentido que se empenha a fazer prevalecer a própria vontade racional sobre os instintos, sobre os desejos, sobre os impulsos que o dominam no "estado natural". Assim, conquista sua "liberdade moral"[241]. Não há, portanto, no contrato social, nenhuma "verdadeira renúncia" por parte dos indivíduos, mas apenas uma "troca vantajosa" entre "independência natural" e "liberdade", entre a insegurança do "estado natural" e a segurança garantida pela união dos associados, entre a "força" e o "direito"[242]. Exige unanimidade, sendo "o ato mais voluntário que existe"[243]. Uma vez criado o Estado [*État*], o consenso se expressa em aí residir; habitar um determinado território significa "aceitar submeter-se à soberania"[244].

---

239  *Ibid.*, pp. 360-361.
240  *Ibid.*, p. 362 (livro I, capítulo 7).
241  *Ibid.*, p. 365 (livro I, capítulo 8).
242  *Ibid.*, p. 365 (livro II, capítulo 4).
243  *Ibid.*, p. 365 (livro IV, capítulo 2).
244  *Ibidem.*

**Corpo político**: O "corpo moral e coletivo", criado mediante o contrato social e "composto de tantos membros quantos forem os votos da assembleia". Constitui uma "pessoa pública" ["personne publique"] que se forma pela união dos indivíduos no "ato de associação". Tem também o nome de "République"[245].

**Deus**: *vide* Religião.

**Direito natural/Lei natural**: Para saber o que é o direito natural – observa Rousseau no Prefácio do *Discurso sobre a desigualdade* – é preciso conhecer a natureza do homem. As contradições encontradas em tantos autores que trataram o argumento dependem do fato de que, não tendo nenhum deles alcançado essa consciência, todos terminaram por tratar do direito natural segundo princípios e conjecturas arbitrários. E não é o caso de não haver acordo sobre sua definição. A diferença fundamental passa por quem, como os "juristas romanos", acreditou poder usar a mesma acepção de "lei natural" para os homens e para os animais e quem, em vez disso, como os "modernos", pretende aplicar esse conceito apenas a um "être moral", ou seja, a um ser dotado de razão e consciência. Na verdade, observa Rousseau, há uma distinção importante no direito natural: quando o homem ainda está em seu estágio de desenvolvimento mais embrionário, no "estado natural", o direito natural resulta da confluência espontânea do *amor de si* (*vide*) e da piedade (*vide*). E, à medida que o ser humano adquire a razão

---

245    *Ibid.*, pp. 361-362 (livro I, capítulo 6).

e a consciência, aprende a "restabelecer sobre outros fundamentos" aquilo que na origem era apenas fruto do instinto[246]. O direito natural está, portanto, junto às normas que o homem progressivamente descobre por meio da cooperação de razão (*vide*) e consciência (*vide*). Mas seu fundamento último não é o homem, mas Deus:

> *O que é bem e conforme à ordem o é pela nature-za das coisas e independentemente das convenções humanas. Toda justiça vem de Deus e apenas ele é a origem[247].*

Notaremos, entretanto, que Rousseau não distingue direito natural e lei natural de forma rigorosa, ao contrário do que fez Hobbes em *Leviatã*.

**Ditadura**: Posição temporária confiada a um "chefe supremo" quando uma situação de emergência exige a suspensão das leis e da autoridade soberana; o ditador "pode fazer tudo menos as leis". Justamente pelo risco de se tornar "tirânica", a ditadura deve ser circunscrita a um tempo o mais breve possível, que na Roma republicana, como recorda Rousseau, era de seis meses[248].

**Escravidão**: Condição em que um indivíduo ou um povo, mediante uma "convenção", aceita submeter--se incondicionalmente à vontade de um "dono" ou de um "déspota", alienando assim sua liberdade. É essa

---

246   ROUSSEAU, J.-J. Discours sur l'Inégalité, em: *Oeuvres Complètes, cit.*, p. 126.
247   ROUSSEAU, J.-J. Du Contrat Social, em: *Oeuvres Complètes, cit.*, vol. III, p. 378 (livro II, capítulo 6).
248   *Ibid.*, pp. 455-458 (livro IV, capítulo 6).

| **132**                                 *Rousseau*

alienação que, para Rousseau, torna a escravidão ilegítima, já que alienar a liberdade é "incompatível com a natureza do homem". Quem, como Hobbes e Pufendorf, entende que a escravidão deriva do direito de guerra, não entende esse direito, porque a guerra é uma relação entre Estados e não entre indivíduos e, uma vez cessada, ninguém mais tem a faculdade jurídica de subtrair a liberdade do outro em troca da vida[249].

**Estado** [*État*]: O "corpo político [...] quando é passivo". Entretanto, quando é "ativo", se chama "soberano" (*vide*). Deve ter uma extensão limitada, porque, "quanto mais se estende o laço social, mais se afrouxa"[250]. A estrutura de cada Estado exige a correspondência exata entre as "relações naturais" (ou seja, as características climáticas, físicas, econômicas, étnicas) e as "leis"[251].

**Estado civil** [*état civil*]: Forma de existência, criada do contrato social (*vide*) e da intervenção do legislador (*vide*), em que os homens não apenas asseguram as condições externas da convivência (a segurança da pessoa, da vida e dos bens), mas passam também da "liberdade natural" à "liberdade civil". De tal modo, superam o nível de vida puramente instintiva que domina no "estado natural", aprendendo a conviver segundo a "justiça". E realizando, enfim, todas as potencialidades da natureza humana, que culminam na "liberdade moral"[252] (*vide* Estado natural).

---

249   *Ibid.*, pp. 444-459 (livro IV, capítulos. 4-6).
250   *Ibid.*, p. 386 (livro II, capítulo 9).
251   *Ibid.*, pp. 392-393 (livro II, capítulo 11).
252   *Ibid.*, pp. 364-365 (livro I, capítulo 8).

**Estado natural**: A condição em que os indivíduos vivem quando ainda não estão organizados politicamente; nela é impossível que cada um se ocupe individualmente de sua conservação e que alcance o total desenvolvimento de suas faculdades, exequíveis apenas no estado civil (*vide*).

**Força**: O exercício de uma "potência física" (*puissance physique*) que, como tal, não pode criar nenhuma obrigação jurídica; portanto não deve ser considerada um fundamento legítimo da "ordem social"[253].

**Governo**: Órgão detentor do poder executivo, ou seja, um "corpo intermediário estabelecido entre os súditos e o soberano", ao qual é confiada a administração das leis e a conservação da liberdade "tanto civil quanto política"[254]. Não é instituído por um contrato, como o soberano, mas mediante um "ato complexo", que consiste em uma lei e na sua execução[255]. É necessário que o governo tenha bastante força para se impor aos membros da sociedade política como "súditos", mas é também indispensável que essa força não exceda os limites necessários para manter a subordinação do governo, ou seja, do poder executivo, ao soberano, ou seja, o poder legislativo[256]. As diversas formas de governo são distintas segundo o número de pessoas que compõem o executivo. Pode haver um governo "democrático" (se o poder executivo é confiado à totalidade ou à maioria dos cidadãos), "aristocrático"

---

253  *Ibid.*, p. 351 (livro I, capítulo 1) e pp. 354-355 (livro I, capítulo 3).
254  *Ibid.*, p. 396 (livro III, capítulo 1).
255  *Ibid.*, pp. 433-434 (livro III, capítulo 16).
256  *Ibid.*, pp. 396-400 (livro III, capítulo 1).

(se confiado a uma minoria), "monárquico" (se confiado a um homem apenas)[257]. O melhor governo é a aristocracia eletiva[258]. A degeneração dessas formas de governo, que tem a denominação geral de "anarquia", é assim precisada: a "democracia" se degenera em "oclocracia", a "aristocracia" em "oligarquia", a "monarquia" em "tirania"[259]. Já "tirano" e "usurpador" são termos sinônimos, "tirano" e "déspota", não. Na realidade, o primeiro indica "o usurpador da autoridade régia" e o segundo, "o usurpador do poder soberano"[260]. As formas de governo devem sempre ser examinadas e estabelecidas levando-se em conta as diferenças entre os diversos povos[261]. A tendência natural dos governos, mesmo os mais bens constituídos, é a de usurpar os direitos da soberania e de substituí-la: isso leva à crise e à destruição da sociedade. A degeneração do governo pode advir quando este se "restringe", passando da democracia à aristocracia, à monarquia (e procedendo, portanto, em direção àquela forma de organização do executivo que dificulta a conservação das condições basais da justa convivência), ou quando "o Estado se dissolve", ou seja, quando o governo em seu complexo ou seus membros particulares violam as competências do corpo soberano[262]. Para tentar evitar ou retardar

---

257  *Ibid.*, pp. 402-413 (livro III, capítulos 3-6).
258  *Ibid.*, p. 406 (livro III, capítulo 5).
259  *Ibid.*, pp. 421-423 (livro III, capítulo 10).
260  *Ibid.*, p. 423.
261  *Ibid.*, pp. 414-419 (livro III, capítulo 8).
262  *Ibid.*, pp. 421-425 (livro III, capítulo 10).

tal êxito, é necessário instituir assembleias em datas fixas, em que a assembleia soberana deve ter a faculdade de decidir se mantém ou se muda seja a forma de governo existente, sejam seus membros[263].

**Igualdade**: Os homens são iguais por natureza[264]. Não existe, por consequência, uma "autoridade natural" de um homem sobre os outros[265]. A igualdade constitui, junto à liberdade, um dos objetivos de "todo sistema de legislação"[266]. Igualdade significa paridade jurídica garantida pela lei e equidade na distribuição dos bens materiais. Nesse último caso o princípio-guia é que "nenhum cidadão seja tão rico a ponto de poder comprar outro e nenhum seja tão pobre a ponto de ser obrigado a se vender"[267]. Com o contrato social não se destrói a "igualdade natural", mas se substitui "por uma igualdade moral e legítima a desigualdade física que a Natureza pode pôr entre os homens"[268].

**Interesse**: Enquanto o contraste dos interesses torna a constituição da sociedade política necessária, o acordo entre eles a torna possível. A sociedade é governada conforme esse "interesse comum"[269]. Deve existir um acordo entre "interesse" e "justiça"[270].

**Justiça**: A ordem do "corpo político" que garante, junto à segurança das "pessoas" e dos "bens" de todo

---

263  *Ibid.*, pp. 434-436 (livro III, capítulo 18).
264  *Ibid.*, pp. 353-354 (livro I, capítulo 2).
265  *Ibid.*, p. 355 (livro I, capítulo 4).
266  *Ibid.*, pp. 391-392 (livro II, capítulo 11).
267  *Ibidem.*
268  *Ibid.*, p. 367 (livro I, capítulo 9).
269  *Ibid.*, p. 368 (livro II, capítulo 1).
270  *Ibid.*, pp. 374-375 (livro II, capítulo 4).

| **136**                                                              *Rousseau*

associado, a "liberdade" e a "igualdade"[271]. "Toda justiça vem de Deus" e essa "justiça universal" é expressão da "razão"; mas, para que seja eficaz nas relações humanas, precisa de "convenções" [*conventions*] e de leis positivas, que garantam, mesmo que com o recurso de "uma sanção natural" (ou seja, a coerção), a reciprocidade das obrigações e a correspondência entre "direitos" e "deveres"[272]. Com a criação do "estado civil", a justiça substitui o "instinto", que guia o homem no "estado natural"[273]. Enfim, a justiça implica que se obedeça às leis não por temor nem apenas por interesse, mas segundo a "voz do dever"[274] (sobre interesse e justiça, *vide* Interesse).

**Legislador**: Paralelamente ao contrato social, é o outro elemento essencial que permite a constituição da "república". Sua função é dupla:

a) Definir as premissas para a formação moral dos membros da comunidade, ensinando-lhes o espírito social.

b) Estabelecer os princípios do direito político às condições concretas e inevitavelmente diversas das várias "nations".

Deve, portanto, desenvolver contemporaneamente o papel de *educador do povo* e de *poder constituinte*. Do ponto de vista institucional, sua autoridade é *extra ordinem* e não se volta à constituição.

---

271  *Ibid.*, pp. 360-361 (livro I, capítulo 6) e p. 391 (livro II, capítulo 11).
272  *Ibid.*, p. 378 (livro II, capítulo 6).
273  *Ibid.*, p. 364 (livro I, capítulo 8).
274  *Ibid.*, pp. 354-355 (livro I, capítulo 3).

*Conceitos-chave* **137|**

Portanto, o legislador não pode nem preencher as funções do governo nem substituir o corpo soberano. Permanece, de fato, com o povo o direito-dever de se pronunciar sobre a conduta dessa figura, que é excepcional não apenas no que concerne a seus poderes, mas também por suas qualidades pessoais, raras a ponto de fazer com que Rousseau diga que "havia necessidades de deuses a dar leis aos homens"[275].

**Lei civil**: Ato do corpo soberano no qual se encontram reunidas "a universalidade da vontade e a universalidade do objeto"; isso significa, em primeiro lugar, que tal ato emana da totalidade dos membros do corpo político reunidos na assembleia soberana. Em segundo lugar, significa que deve dizer respeito exclusivamente a matérias gerais, jamais a um "objeto particular". A lei "considera os súditos como corpo e as ações como abstratas, jamais um homem como indivíduo nem uma ação particular"[276] (*vide* Vontade geral). A lei é expressão da liberdade do povo, já que emana da assembleia de todos os "cidadãos"; em tal sentido que não mais devemos nos perguntar: "Como nos mantermos livres e submetidos à lei, já que elas registram simplesmente nossa vontade?"[277]. Além de ser manifestação da liberdade coletiva, a lei também é, basicamente, garantia das liberdades individuais, já que protege todo associado pelo arbítrio, que poderia ser sobrepujado onde dominasse apenas a força dos particulares[278]. As leis sempre

---

275 *Ibid.*, pp. 381-384 (livro II, capítulo 7).
276 *Ibid.*, pp. 379-380 (livro II, capítulo 6).
277 *Ibid.*, p. 379.
278 *Ibid.*, p. 364 (livro I, capítulo 7) e pp. 372-373 (livro II, capítulo 4).

são adequadas às características da "nation" que as deve receber. Além disso, há apenas um determinado período de tempo adequado para submeter o povo às leis, ou seja, aquele de sua "maturidade", diferente para os diversos povos[279] (*vide* Estado). Em cada Estado deve existir acordo entre as "relações naturais" (ou seja, as características climáticas, físicas, econômicas e étnicas) e as "leis"[280]. A um Estado bem governado, "são necessárias pouquíssimas leis"[281].

**Liberdade**: Em um primeiro momento, Rousseau identifica a liberdade com a simples "puissance de vouloir"[282]. Em *Emílio,* ele a define, entretanto, como capacidade de dominar os "sentidos" mediante o recurso à "razão" e à "consciência", ou seja, como *vontade racional* e, portanto, *volição do bem.* Recordemos esta passagem:

> *Qual causa determina sua* [do homem] *vontade? É seu juízo. E qual causa determina seu juízo? É a faculdade da inteligência* [faculté intelligente], *sua potência de julgar: a causa determinante está em si mesmo* [...] *Sem dúvida, não sou livre de não querer o meu bem, não sou livre de querer o meu mal; mas minha liberdade consiste no fato de que posso querer apenas aquilo que me seja conveniente, ou que eu considere como tal, sem que nada externo me o determine*[283].

---

279    *Ibid.*, pp. 384-386 (livro II, capítulo 8).
280    *Ibid.*, pp. 391-393 (livro II, capítulo 11).
281    *Ibid.*, p. 437 (livro IV, capítulo 1).
282    ROUSSEAU, J.-J. Discours sur l'Inégalité, em: *Oeuvres Complètes, cit.*, vol. III, pp. 141-142.
283    ROUSSEAU, J.-J. Émile, em: *Oeuvres Complètes, cit.*, vol. IV, p. 586 (livro IV).

A liberdade é a adesão consciente da vontade aos critérios sugeridos por um juízo reto; é essa adesão que consente que o sujeito humano se afaste do domínio dos instintos, chegando, assim, à autonomia moral.

**Liberdade política**: Faz parte da essência do homem e por isso não pode jamais ser alienada[284]. O homem nasce livre, mas em todo lugar está "preso a correntes": os "princípios do direito político" indicam como restituir sua liberdade por meio da criação de uma ordem política conforme aos fins da natureza humana[285]. Na "république" a liberdade política consiste em obedecer apenas às leis que o povo, como "soberano", se dá. Coincide, portanto, com a autolegislação de toda a comunidade: "o povo submisso às leis deve ser seu autor"[286]. A "liberdade civil", garantida pela lei, impede a dependência arbitrária de um homem por outro homem[287]. É difícil, para um povo, recuperar a liberdade quando a perde[288].

**Maioria** (*princípio de*): Consequência do contrato, tem como pressuposto o acordo unânime sobre o qual o contrato se baseia[289]. Quando os "caracteres da vontade geral" não são mais a maioria, "não há mais liberdade"[290]. Se se delibera sobre uma matéria

---

284   ROUSSEAU, J.-J. Du Contrat Social, em: *Oeuvres Complètes, cit.*, vol. III, p. 352 e pp. 355-356 (livro 1, capítulo 2, 4).
285   *Ibid.*, p. 351 (livro I, capítulo 1).
286   *Ibid.*, p. 380 (livro II, capítulo 6); também livro I, capítulo 8; livro II, capítulo 2, primeiro parágrafo; livro III, capítulo 15.
287   *Ibid.*, pp. 364-365 (livro I, capítulo 8) e p. 375 (livro II, capítulo 4).
288   *Ibid.*, p. 385 (livro II, capítulo 8)
289   *Ibid.*, p. 359 (livro I, capítulo 5).
290   *Ibid.*, p. 441 (livro IV, capítulo 2).

importante, a maioria qualificada é necessária; para os outros casos basta a maioria simples[291].

**Necessidades**: Rousseau as divide em três espécies. A primeira é constituída por "aquelas que buscam a subsistência e das quais depende nossa conservação". A segunda é composta das necessidades que "tendem menos à nossa conservação que ao nosso bem-estar". De tais necessidades nasce o "luxo". Enfim, há "uma terceira ordem de necessidades" que, nascidas depois das outras, "não deixam enfim de ter o primado sobre todas"; trata-se daquelas que nascem da "opinião".

> *São elas* – precisa Rousseau – *as honras, a reputação, a condição social, os títulos de nobreza e tudo aquilo que apenas tem existência na estima dos homens, mas que conduz para essa estima bens reais que não obteríamos sem ela*[292].

**Opinião pública** [*opinion publique*]: Com o termo, Rousseau quer significar o conjunto dos critérios de juízo e comportamento ligados – em qualquer sociedade política – aos costumes, às tradições, aos usos. Estes formam, sedimentando-se pelo hábito, o espírito público de um povo e reforçam assim sua unidade de forma mais eficaz do que as leis poderiam fazer[293].

---

291  *Ibidem.*
292  ROUSSEAU, J.-J. Fragments Politiques [X, 1], em: *Oeuvres Complètes, cit.*, vol. III, pp. 529-530.
293  *Ibid.*, p. 394 (livro II, capítulo 12) e pp. 458-459 (livro IV, capítulo 7).

**Paixões**: Constituem a expressão do *amor de si físico*, que tende, por sua natureza, à conservação e ao bem-estar do indivíduo do ponto de vista estritamente material. O *amor de si* (*vide*) é a única paixão "que nasce com o homem e nunca diminui, enquanto ele viver"[294]; é a "paixão primitiva, inata, anterior a todas as outras e da qual todas as outras são apenas modificações"[295]. Como a conservação de si é um objetivo inerente à natureza do homem, disso deriva que as paixões não são, em si, negativas; constituem, de fato, os "principais instrumentos para nossa conservação". Assim, deve-se considerar "tolo" quem pretende "impedir as paixões de nascerem" ou quem cultiva "o projeto de anulá-las"[296]. Tornam-se, porém, deletérias quando escapam ao controle da razão e da consciência, ou seja, no momento em que os objetivos da conservação e do bem-estar materiais chegam a conquistar a supremacia sobre bens mais importantes que são aqueles de "ser racional" [*être intelligent*], não de "ser sensível" [*être sensitif*][297].

**Perfectibilidade**: Característica típica apenas do homem e desconhecida pelas bestas, de desenvolver as próprias faculdades como resposta às solicitações, aos obstáculos, aos desafios do ambiente natural.

---

294  ROUSSEAU, J.-J. Émile, em: *Oeuvres Complètes, cit.*, IV, p. 491 (livro IV).
295  *Ibidem.*
296  *Ibid.*, pp. 490-491.
297  ROUSSEAU, J.-J. Lettre à Christophe de Beaumont, em: *Oeuvres Complètes, cit.*, vol. IV, p. 936.

Enquanto, diante desses elementos, os animais se mantêm sempre iguais, ou seja, aferrados ao instinto, o homem é dotado da capacidade de responder e reagir. Seus progressos estão ligados a tal capacidade, mas também os inumeráveis erros que a espécie humana cometeu no curso de sua história[298].

**Piedade**: Já no "estado natural", equilibra o "instinto de conservação" por "uma repugnância inata ao ver o próprio semelhante sofrer"[299]. Na piedade se fundamenta o "direito natural" apropriado a essa fase do desenvolvimento da humanidade, um direito que não tem necessidade da razão para ser descoberto e que é imediatamente eficaz: o homem original

> *não fará jamais mal a outro homem e nem a nenhum ser sensível, excetuando o caso legítimo em que, estando envolvida sua conservação, é obrigado a preferir a si mesmo[300].*

**Propriedade**: No "estado civil" a propriedade toma o lugar da "posse", que se funda pela força ou sobre o "direito do primeiro ocupante"[301]. Não é, portanto, um direito natural, mas um direito positivo do qual o soberano pode dispor com base no princípio de que

> *o direito de cada particular sobre sua parte do solo está sempre subordinado ao direito da comunidade*

---

298  ROUSSEAU, J.-J. Discours sur l'Inégalité, em: *Oeuvres Complètes, cit.*, vol. III, p. 142.
299  *Ibid.*, p. 126 (Prefácio).
300  *Ibid.*, pp. 125-126 (Prefácio).
301  ROUSSEAU, J.-J. Du Contrat Social, em: *Oeuvres Complètes, cit.*, vol. III, pp. 365-367 (livro I, capítulo 9).

*sobre o todo, sem o que não haveria [...] força real
no exercício da soberania[302].*

**Razão**: Apenas a razão "nos ensina a conhecer o bem
e o mal"; "o bem [...] não o é se não quando a razão o ilumina[303]". O preceptor de Emílio insiste muitas vezes na necessidade de não afrontar com o garo-
to problemas morais antes de que, nele, a razão esteja
adequadamente desenvolvida e exercitada. Apenas após
tal desenvolvimento o aluno poderá ser automaticamente capaz de compreender o verdadeiro significado
e todas as implicações das escolhas frente as quais se
encontrará. Porém, em contraste com o racionalismo
ético cartesiano, Rousseau releva que "conhecer o bem
não significa amá-lo"[304] e ressalta que, se não existisse
um movimento mais eficaz em vista da ação, apenas
o conhecimento racional, mesmo o mais claro e evidente, deixaria o homem em um estado de passividade
e o abandonaria substancialmente desarmado frente às
paixões. A "consciência" (*vide*) constitui tal movimento.

**Religião**: A religião de Rousseau é o deísmo, fun-
damentado exclusivamente sobre a razão e derivado
da crítica à Revelação cristã. Deus é o ordenador impessoal do mundo e o juiz que recompensa ou pune
os homens pelo tanto que fizeram de bem ou de mal.
São três os dogmas dessa religião:

---

302  *Ibid.*, pp. 365-367 (livro I, capítulo 9).
303  ROUSSEAU, J.-J. *Émile*, em: *Oeuvres Complètes*, *cit.*, vol. IV,
p. 324 (livro II).
304  *Ibid.*, p. 600 (livro IV).

1) A existência de uma vontade que move a matéria no universo.

2) A ordem racional do mundo, expressão de inteligência divina.

3) A imaterialidade da alma, que comporta sua sobrevivência e, portanto, a certeza de gozar daquela felicidade que frequentemente na Terra foge aos bons e sorri aos maus:

> Se a alma é imortal, pode sobreviver ao corpo e, se a ele sobrevive, a Providência está justificada. Mesmo sem outra prova da imaterialidade da alma que o triunfo dos malvados e a opressão dos justos neste mundo, apenas isso me impediria de duvidar dela. Uma dissonância tão gritante na harmonia universal me levaria a buscar uma solução. Diria: tudo não termina para nós com a vida; tudo reencontra a ordem com a morte[305].

**Religião civil**: Uma "profissão de fé" que contém os princípios essenciais sobre os quais se baseia a unidade moral da "república":

> E existência da divindade poderosa, inteligente, benfazeja, previdente e providente, a vida futura, a felicidade dos justos, o castigo dos perversos, a santidade do contrato social e das leis[306].

Está completo, no fim do *Contrato social*, o processo de formação do espírito social, que tem

---

305  ROUSSEAU, J.-J. Émile, em: *Oeuvres Complètes, cit.*, vol. IV, p. 589 (livro IV).
306  ROUSSEAU, J.-J. Du Contrat Social, em: *Oeuvres Complètes, cit.*, vol. III, p. 468 (livro IV, capítulo 8).

sua articulação fundamental na obra do legislador. Os artigos da "religião civil" devem ser fixados pelo "soberano" não tanto como "dogmas de religião, mas como sentimentos de sociabilidade"[307]. *Fixar* [*fixer*] obviamente não significa criar, mas estabelecer as condições formais para tornar esses dogmas válidos juridicamente. Na realidade, seu fundamento é transcendente e se identifica com Deus[308]. A religião constitui um motivo essencial para o qual os cidadãos respeitem seus deveres. Justamente em razão do fundamento transcendente de direitos e deveres, a religião não pode ser considerada um *instrumentum regni*, já que tem um valor intrínseco bem preciso em si mesma, independentemente de sua função política. A religião civil de Rousseau é, nisso, muito distante da de Maquiavel, mesmo que o secretário florentino seja mencionado no *Contrato social* a propósito do valor de persuasão que o chamado de Deus pode ter por parte do legislador[309].

**Representação**: A soberania, como exercício da vontade popular, não pode ser representada, porque apenas o "poder" se representa, não a "vontade"[310]. A ideia de representação é "moderna". Sua afirmação coincide com o progressivo fracasso das bases morais e materiais sobre as quais se baseava a liberdade

---

307  *Ibidem.*
308  *Ibid.*, p. 378 (livro II, capítulo 6).
309  *Ibid.*, pp. 383-384 (livro II, capítulo 7). O chamado está nos *Discorsi Sopra la Prima Deca di Tito Livio*, I, 11.
310  ROUSSEAU, J.-J. Du Contrat Social, em: *Oeuvres Complètes, cit.*, vol. III, p. 368 (livro II, capítulo 1).

republicana. Essas bases foram demolidas por causa do "enfraquecimento do amor à pátria", da hegemonia do "interesse privado" sobre o interesse público, do aumento da extensão dos Estados, da consequente política de conquista. São todos fatores que afastam o cidadão de seus deveres cívicos[311]. O povo jamais pode ser representado no exercício do poder legislativo, mas pode sê-lo no exercício do poder executivo[312].

**República** [*république*]: Constitui a "pessoa pública" gerada pelo "ato de associação" mediante o qual, no lugar de particulares contraentes, é criado um "corpo moral e coletivo" que recebe pelo contrato social sua "unidade", seu "*eu* comum", sua "vida" e sua "vontade"[313]. Indica, também, "cada Estado governado por leis"[314]. Seu "princípio", independentemente da forma de "governo", é a "virtude", como bem notou Montesquieu[315]. Na "república" o serviço à "pátria" constitui a "principal ocupação" dos cidadãos[316]: o exemplo da república romana, em que o povo exercitava as funções da "soberania" e, em parte, também aquelas do "governo", mantém-se um modelo essencial de referência[317].

**Soberania/soberano**: O "corpo político" gerado pelo contrato social e considerado "quando ativo",

---

311   *Cf. ibid.*, pp. 428-431 (livro III, capítulo 15).
312   *Cf. ibid.*, pp. 433-434 (livro III, capítulo 17).
313   *Ibid.*, pp. 361-362 (livro I, capítulo 6).
314   *Ibid.*, p. 379 (livro II, capítulo 6).
315   *Ibid.*, p. 405 (livro III, capítulo 4).
316   *Ibid.*, p. 428 (livro III, capítulo 15).
317   *Ibid.*, pp. 444-459 (livro IV, capítulos 4-6).

ou seja, quando se refere ao conjunto dos indivíduos que, reunidos em assembleia como "cidadãos", deliberam sobre leis (*vide* Estado)[318]. O corpo soberano não é vinculado por nenhuma "lei fundamental" nem pelo contrato social[319]. Constitui, portanto, um "poder absoluto", "direcionado pela vontade geral"[320]. Não tem obrigação de oferecer garantia aos súditos, enquanto formado por "particulares que o compõem", é impensável que queira prejudicá-los em sua totalidade; nem pode querer prejudicar alguém em particular, dado que, tendo as leis aplicação geral, a injustiça recairia sobre todos[321]. A soberania é o exercício da "vontade geral" e o povo não pode aliená-la, porque, assim fazendo, cederia sua liberdade[322]. Além disso, sendo expressão da vontade do "corpo do povo" em sua totalidade, a soberania não pode nem se dividir: aquelas que sejam erroneamente consideradas suas "partes" são apenas "emanações"[323]. Dividi-la significa "destruí-la"[324]. O soberano age e pode agir apenas quando "o povo está reunido em assembleia", como ensinam as experiências das repúblicas antigas. Nos "Estados cristãos" não é possível nenhuma "boa ordenação política" [*bonne politie*], já que as exigências de jurisdição

---

318  *Ibid.*, p. 362 (livro II, capítulo 6).
319  *Ibid.*, p. 362 (livro I, capítulo 7).
320  *Ibid.*, p. 372 (livro III, capítulo 4).
321  *Ibid.*, p. 363 (livro I, capítulo 7); p. 375 (livro II, capítulo 4); p. 379 (livro II, capítulo 6).
322  *Ibid.*, p. 368 (livro II, capítulo 1).
323  *Ibid.*, pp. 369-371 (livro II, capítulo 2).
324  *Ibid.*, p. 386 (livro II, capítulo 9).

temporal validadas pelo poder espiritual tornam impossível a realização da unidade do poder soberano[325].

**Tolerância**: Como Rousseau escreve no capítulo sobre religião civil (*vide*), a tolerância é praticada em relação a todas aquelas religiões que não imponham comportamentos contrastantes com os deveres do cidadão. Observando-se esse critério de exclusão, deve-se tolerar toda religião cujos membros estejam dispostos a tolerar as outras, mesmo porque toda forma de intolerância "teológica" não pode ter efeitos no âmbito "civil": "é impossível viver em paz com gente que se crê danada"[326].

**Virtude**: "O termo *virtude* – afirma o preceptor de Emílio – vem de *força*" e a força é a "base de toda virtude".

> A virtude pertence a um ser frágil por sua nature-
> za, e forte por sua vontade; é nisso que consiste o
> mérito do homem justo; e, apesar de chamarmos
> Deus de bom, não o definimos virtuoso, já que não
> tem necessidade de esforço para fazer o bem[327].

Leiamos também esta outra passagem, tirada da *Profissão de fé do vigário saboiano*:

> Nenhum ser material é ativo por si mesmo, e eu sou
> [...] Tenho um corpo sobre o qual os outros agem e
> que sobre eles age; essa ação recíproca não é dúbia;
> mas minha vontade é independente de meus sentidos,

---

325 *Ibid.*, p. 462 (livro IV, capítulo 8).
326 *Ibid.*, p. 469 (livro IV, capítulo 8).
327 ROUSSEAU, J.-J. *Émile*, em: *Oeuvres Complètes, cit.*, vol. IV, p. 817 (livro V).

*eu consinto ou resisto, sucumbo ou consigo vencer, e*
*percebo perfeitamente dentro de mim quando faço*
*o que quis fazer ou quando não faço nada além de*
*ceder às minhas paixões. Tenho sempre o poder de*
*querer, não a força de executar*[328].

A ideia de virtude em Rousseau é claramente inspirada na ética estoica. Porém, ao menos duas diferenças fundamentais em relação ao estoicismo são facilmente notáveis:

a) Rousseau considera essencial, para a vida moral, o auxílio do sentimento (*vide* Consciência).

b) A virtude não é a única forma de vida moral, já que, a não ser em um nível menos nobre e completo, permanece sempre a possibilidade de viver segundo a "bondade" ou, como na maioria das vezes ele se expressa a este propósito, "sabedoria".

*A virtude é a força de cumprir o próprio dever nas oca-*
*siões difíceis; a sabedoria, ao contrário, está em evitar*
*a dificuldade do dever. Feliz quem, contentando-se em*
*ser um homem de bem, colocou-se em uma condição*
*tal que não tem mais necessidade de ser virtuoso*[329].

**Vontade geral**: A vontade racional que deve guiar as deliberações da assembleia soberana. É formada e mantida em cada indivíduo particular para poder guiar, de quando em quando, as decisões que a assembleia toma. Quem a descumpre será obrigado a se adequar, ou seja, a obedecer às leis e, assim, a

---

328   *Ibid.*, pp. 585-587 (livro IV).
329   *Carta a Carondelet*, 7 de janeiro de 1764.

"ser livre"[330]. Apenas a "vontade geral" pode dirigir a sociedade política a seu objetivo, que é o "bem comum". A "vontade geral", considerada como vontade racional e, portanto, como o ideal regulador que deveria constantemente seguir a assembleia soberana, "é sempre reta"; o problema é fazer com que as deliberações do povo lhe sejam conformes[331]. Para tal objetivo, é decisiva a formação da virtude pública, cujas bases são colocadas pelo "legislador"[332]. A vontade geral deve ser distinta da "vontade de todos", que constitui apenas "uma soma de vontades particulares"[333].

---

330 ROUSSEAU, J.-J. Du Contrat Social, em: *Oeuvres Complètes, cit.*, vol. III, p. 136 (livro I, capítulo 7).
331 *Ibid.*, p. 371 (livro II, capítulo 3) e capítulo 6 (livro IV, capítulo 1).
332 *Ibid.*, pp. 381-384 (livro II, capítulo 7).
333 *Ibid.*, p. 371 (livro II, capítulo 3).

# IV.
# História dos efeitos[334]

334 A escolha de privilegiar, nesta parte, a influência de Rousseau na tradição filosófica foi determinada pela óbvia impossibilidade de abranger, em um espaço circunscrito, os variadíssimos campos em que sua obra teve um impacto relevante.

> [...] *Rousseau preparou a estrada para a Revolução Francesa* [...], *mas Rousseau não teria se reconhecido em Robespierre.*
>
> (LÖWITH, K.)

## 1.

No ano sucessivo à publicação de *Emílio*, o cardeal Giacinto Sigismondo Gerdil, originário da Saboia, publica uma "opereta", como ele mesmo a define, em que ataca violentamente o romance pedagógico definindo-o contrário à religião cristã, danoso à educação, abstrato[335]. Ali dominam "o desprezo a cada Religião revelada [...], o ódio contra todos os Governos" e "a obediência [é] exonerada do dicionário das crianças"[336]. E assim por diante.

Incontáveis são, na França e fora dela, os escritos e *pamphlets* caracterizados por esse estilo liquidatório, que pretende demolir, mas não chega à substância do pensamento rousseauniano. Na realidade, frequentemente se restringe ao ataque pessoal (particularmente desagradável é o exemplo de Voltaire com seu *Sentiments du Citoyen*, 1764). Não se encontram

---

335 *l'Anti-Emilio del Cardinal Gerdil Contro i Principi di Rousseau.* Florença: Tofani, 1826, pp. 5, 13, 111-112.
336 *Ibid.*, p. 111.

exemplos muito melhores do outro lado da barricada, entre os apologéticos de Jean-Jacques, principalmente Bernardin de Saint-Pierre, que a ele havia sido muito ligado por amizade (*Vie et Ouvrages de J.-J. Rousseau*, 1820). Não há dúvida de que seriam necessários outros filtros para se ler o autor do *Discurso sobre a desigualdade*, de *Emílio*, do *Contrato social*, de *A nova Heloísa*.

Kant os usa, quando o elogia, com um tom não muito habitual em seus escritos, apresentando nele o Newton do mundo moral:

> *Newton foi o primeiro a ver a ordem e a regularidade com uma grande simplicidade, onde, antes dele, encontravam-se desordem e multiplicidade mal acopladas, e a partir de então os cometas percorrem trajetórias geométricas. Rousseau foi quem descobriu sob a multiplicidade das formas assumidas pelo homem sua natureza profundamente ocultada e a lei escondida[337].*

Além disso, em relação à história e ao relacionamento natureza-cultura, Kant defende Rousseau das críticas de ter, nesse ponto, caído em contradição, e observa que no caso as aparentes aporias são muito férteis em implicações:

> *Em seus discursos sobre a desigualdade dos homens, [Rousseau] mostra de uma maneira muito correta o conflito da civilidade com a natureza do gênero humano, como uma espécie animal em que cada indivíduo deveria alcançar inteiramente o próprio destino.*

---

337 KANT, L. *Bemerkungen. Note per un Diario Filosofico*, tradução italiana e edição de K. Tenenbaum. Roma: Meltemi, 2001, p. 101.

> *Em seu* Emílio, *ao contrário, no* Contrato social *e em outros escritos ele busca resolver um problema bem mais difícil, ou seja, de que forma a civilidade precisa progredir para que desenvolva as faculdades do homem como espécie moral para eliminar as contradições que existem entre o homem moral e o natural*[338].

Consideremos, então, o tema do *Contrato* e precisamente a parte da *Doutrina do direito* em que Kant escreve que:

> *O ato com que o próprio povo se constitui em um Estado, ou então a simples ideia desse ato, que sozinha permite que a legitimidade lhe seja concedida, é o contrato original, segundo o qual todos* (omne et singuli) *no seio de um povo renunciam à sua liberdade externa, para reassumi-la novamente como membros de uma coisa pública, vale dizer, como membros do povo considerado Estado* (universi).

Resulta, portanto, incorreto afirmar que

> *o ser humano num Estado sacrificou uma parte de sua liberdade externa inata a favor de um fim; mas, ao contrário, que ele renunciou inteiramente à liberdade selvagem e sem lei para se ver com sua liberdade toda não reduzida em uma dependência às leis, ou seja, em uma condição jurídica.*[339]

---

338   KANT, E. Conjecturas sobre os primórdios da história humana. Congetture sull'Origine della Storia, tradução italiana de G. Solari e G. Vidari, em: *Scritti Politici, di Filosofia della Storia e del Diritto*, edição póstuma por N. Bobbio, L. Firpo, V. Mathieu. Turim: UTET, 1965, pp. 202-203.

339   KANT, E. Princípios metafísicos da doutrina do direito. Principi Metafisici della Dottrina del Diritto, em: *Escritos políticos, cit.*, *Direito público*, seção primeira: *Direito do Estado*, p. 502 (§ 47).

Lembremo-nos do que escreveu Rousseau:

> *É falso haver no contrato da parte dos particulares qualquer renúncia verdadeira, que sua situação [...] se torna realmente preferível à que tinha anteriormente. Em lugar de uma alienação, fizeram a troca vantajosa [...] da independência natural pela liberdade, do poder de causar dano a outrem por sua própria segurança, e da força, que podia ser por outros sobrepujada, por um direito que a união social transforma em invencível*[340].

A Revolução Francesa, sobretudo em sua fase jacobina, daria, porém, à sorte de Rousseau uma direção particular. Contribuiu, de fato, para colocar ao centro do debate europeu, do fim dos anos 1700 por todos os anos 1800 e boa parte dos anos 1900, o aspecto político da obra rousseauniana, que, como Kant observou, era apenas uma parte – e talvez não a mais importante – da reflexão de Jean-Jacques. Não apenas isso, mas, ligando o nome do autor de *Contrato social* ao período mais violento e mais dramaticamente não liberal desse evento. Deu início à polêmica, que dura até hoje, contra o Rousseau progenitor da "democracia totalitária", segundo a definição tão afortunada quanto discutível com a qual Jacob Talmon assinalou o momento em um certo sentido culminante dessa tendência interpretativa[341].

---

340 ROUSSEAU, J.-J. Du Contrat Social, em: *Oeuvres Complètes, cit.*, vol. III, p. 375 (livro III, capítulo 4).
341 TALMON, J. *The Origins of Totalitaria Democracy*. Londres: Secker & Warburg, 1952; tradução italiana de M. L. Izzo Agnetti: *Le Origini della Democrazia Totalitaria*. Bolonha: il Mulino, 1967, 2000.

Robespierre foi o artífice principal da histórica união entre a Revolução Francesa e Rousseau, algo um tanto singular para um filósofo que, mais de uma vez, tinha expressado claramente sua hostilidade contra qualquer movimento revolucionário. Robespierre lembra Rousseau a respeito do mandato imperativo[342], sobre o férreo e onipresente controle dos governados sobre os governantes[343], sobre o absoluto domínio que o poder legislativo, ou seja, a "vontade geral" deveria sempre exercitar sobre o executivo[344], sobre o fato de que a "virtude", compreendida como o amor da pátria e das leis, constitui a força essencial que sustenta o governo, como acontecia na Grécia e em Roma[345]. Ele considera Rousseau o "preceptor do gênero humano":

> *Ah, se ele tivesse sido testemunha desta revolução da qual foi precursor, e que o levou ao Panteão, quem poderia duvidar que sua alma generosa abraçaria com fervor a causa da justiça e da igualdade?*[346]

Muitos, na verdade, poderiam ter sérios motivos para duvidar. Mas, com uma surpreendente unidade

---

342    *Cf.* ROBESPIERRE, M. *Sobre o governo representativo* (discurso de 10 de maio de 1793), tradução italiana em: ROBESPIERRE, M. *La Rivoluzione Giacobina*, por U. Cerroni. Roma: Editori Riuniti, 1975, p. 139.

343    *Ibid.*, p. 140.

344    *Ibid.*, p. 143.

345    ROBESPIERRE, M. Sobre os princípios da moral política (discurso de 5 de fevereiro de 1794), em: ROBESPIERRE, M. *La Rivoluzione Giacobina, cit.*, pp. 160-163.

346    ROBESPIERRE, M. *Sobre religião e sobre moral* (discurso de 7 de maio de 1794), em: ROBESPIERRE, M. *La Rivoluzione Giacobina, cit.*, p. 199.

| **158** Rousseau

de tons entre apreciadores e detratores de Rousseau, essa apropriação de Jean-Jacques por parte dos jacobinos guiou, de forma nada irrelevante, a história das interpretações, sobretudo de matriz liberal, mas também de matriz realista e ultrarrealista.

Já em 1790 Edmund Burke, em sua obra *Reflexões sobre a Revolução Francesa*, tinha atacado, com um estilo entre a ironia e um tom extremamente duro, o abstracionismo e o veleitarismo dos revolucionários nutridos pelas ilusões racionalistas do Iluminismo. Ele lhes contrapunha orgulhosamente a "taciturna resistência às inovações", típica da tradição cultural e política anglo-saxã, infinitamente distante das fantasias sobre a beleza do "estado selvagem", exaltado com "sofismos sutis" por tantos exponentes dos *lumi*[347].

> *Nós – afirma com veemência – nos convertemos a Rousseau, nos proclamamos discípulos de Voltaire, e Helvétius (Claude-Adrien Helvétius) fez poucos progressos entre nós.*

Depositários dos "instintos que residem no mais íntimo da natureza humana", os ingleses olham com desconfiança quem crê poder fazer quem sabe quais "descobertas no campo da moral" ou nos "princípios do governo". Eles confiam, em vez disso, nas virtudes da sabedoria e da "duração", que preservam o governo da "mutabilidade das modas"[348]. Permanecendo no conservadorismo – que muda modos

---

347 BURKE, E. *Scritti Politici*, tradução italiana de A. Martelloni. Turim: UTET, 1963, pp. 255-256.
348 *Ibid.*, p. 258.

*História dos efeitos* **159|**

e formas segundo as áreas culturais, mas não muda jamais sua ferrenha oposição ao Iluminismo e à revolução, considerando a segunda um produto tão nefasto quanto inevitável do primeiro –, não podemos não citar, cerca de vinte anos mais tarde, o suíço Carl Ludwig von Haller. Na *Restauração da ciência do Estado*[349] define Rousseau, comparando-o com Ugo Grozio, um "ignorante sofista", diante do qual "não se pode fazer outro que sorrir de compaixão, como quando vemos uma toupeira que quer ensinar ao sol como iluminar a terra"[350]. Do ponto de vista de Haller, que reduz o Estado à potência de fato, o contratualismo de Rousseau, não menos que o de Hobbes, faz parte das "quimeras", no qual ele engloba também os princípios de igualdade, liberdade e soberania popular[351].

No clima da Restauração na França, Joseph de Maistre[352] e Louis de Bonald[353] atacam duramente e com argumentos em grande parte similares – que giram em torno de uma crítica geral ao racionalismo e ao imanentismo modernos – o Iluminismo e a Revolução. No juízo negativo obviamente está

---

349   HALLER, C. L. von. *Restauração da ciência do Estado. Restaurazione della Scienza Politica* (1816-1834), tradução italiana de M. Sancipriano, três volumes. Turim: UTET, 1995. A obra original se desenvolve em seis volumes, dos quais o sexto (1825) precede, na publicação, o quinto (1834).
350   *Ibid.*, vol. I, Turim, 1995, p. 150.
351   *Ibid.*, pp. 169-170.
352   *Considérations sur la France* (1796); *Étude sur la Souveraineté* (1794-1796).
353   *Démonstration Philosophique du Principe Constitutif de la Société* (1818).

|160 *Rousseau*

envolvido Rousseau e, em particular, a ideia construtivista da sociedade, à qual vem contraposta a tese de que a sociedade não é criação humana, mas um longo e laborioso produto da História. O princípio da sua unidade é posto na soberania monárquica, derivada de Deus.

Na Alemanha, Johann Gottlieb Fichte[354], sobretudo nos escritos do período 1793-1794, retoma alguns conceitos da filosofia rousseauniana e defende, contra Reheberg, a Revolução Francesa (em particular, a obra da assembleia constituinte) e suas matrizes jusnaturalistas.

A relação de Hegel com Rousseau é tão complexa que não pode ser reduzida a um compêndio que não lhe sacrifique o significado. Talvez um ponto possa ser indicado como crucial. Está contido no parágrafo 258 dos *Princípios da filosofia do direito*, em que Hegel trata do conceito do Estado. Depois de ter evidenciado que a questão inerente à "origem histórica do Estado em geral" não tem nada a ver com "a ideia do Estado", já que a consideração filosófica trata unicamente do "conceito pensado", Hegel se refere a Rousseau reconhecendo seu mérito por:

> *Ter estabelecido como fundamento do Estado um princípio, ou seja, a vontade, que não só na sua forma* [...], *mas também no seu conteúdo, pertence ao* pensamento, *e é, até,* o pensamento.

---

354 *Reivindicação da liberdade de pensamento; Contribuições para a retificação do juízo do público sobre a Revolução Francesa.*

O limite de Rousseau, porém, está, em sua forma de pensar, em conceber essa vontade "não como o racional em si e para si da vontade, que resulta das vontades individuais quando conscientes". O resultado é que a unidade política é pensada por Rousseau como gerada por contrato, ou seja, pelo arbítrio dos particulares, com a inevitável consequência de assim destruir "aquele divino que em si e para si existe das absolutas autoridades e majestades (*do Estado, obviamente*)"[355].

No que concerne a tão variada corrente do liberalismo, muitas das críticas que serão feitas a Rousseau pelos anos 1800 e 1900, nós as encontramos já antecipadas no discurso feito na *Athenée Royal* de Paris em 1819 por Benjamin Constant, *De la Liberté des Anciens Comparée à Celle des Modernes* (publicado em 1820), que, do ponto de vista do argumento, irá se tornar um ponto de referência fixo do pensamento liberal. No momento histórico em que foi pronunciado, refletia muitos posicionamentos dos *idéologues* (entre os quais basta lembrar de Mme. de Staël, Volney, Maine de Biran, Cabanis, Destutt de Tracy), apoiadores de uma continuação dos princípios iluministas mediante uma acurada pedagogia política e um comprometimento social que pudessem realizar os ideais de 1789 evitando os excessos de 1793.

---

355  HEGEL, G. W. F. *Princípios da filosofia do direito. Lineamenti di Filosofia del Diritto*, tradução italiana de G. Marini. Roma-Bari: Laterza, 1990, pp. 196-197.

Mesmo animado "pelo amor mais puro pela liberdade", Rousseau não percebe, observa Constant, as consequências negativas que advêm da tentativa de transportar "aos nossos tempos modernos um volume de poder social, de soberania coletiva, que pertencia a outros séculos". Dessa forma, forneceu "desastrosos pretextos a mais de um tipo de tirania"[356]. A convicção fatal de Rousseau é a de que tudo devia ceder "à vontade coletiva e [que] todas as restrições aos direitos individuais seriam largamente compensadas pela participação no poder social"[357].

Não muitos anos mais tarde, John Stuart Mill expressará uma posição muito similar quando, em *Essay on Liberty* (1859), ressaltará de forma sóbria, mas enérgica, que a ideia mais perigosa a se afirmar "na última geração do liberalismo europeu", e ainda predominante "sobre o continente", é constituída por uma convicção. Aquela de que, uma vez passado o poder para as mãos do povo, não haveria mais nenhuma necessidade daquelas garantias de liberdade individual afirmadas com muita dificuldade nos tempos modernos. Mas bastou pouco – continua – para percebermos que o povo concreto, não o abstrato, governa sempre em maioria; e isso provoca a bem pouco desejável consequência de que, na falta dos tradicionais freios para o poder,

---

356 CONSTANT, B. *De la Liberté des Anciens Comparée à Celle des Modernes*, tradução italiana e introdução de G. Paoletti, com Posfácio de P. P. Portinaro. Turim: Einaudi, 2001, p. 18.
357 *Ibid.*, p. 22.

afirme-se, pela maioria, a "tirania"[358]. Sobre esse período, Mill está perfeitamente de acordo com Alexis de Tocqueville, o qual, em *O Antigo Regime e a Revolução* (1856), nota como, no início da Revolução Francesa, Montesquieu foi o autor mais citado e comentado pelos revolucionários. Já ao seu final, quando não se trata mais de "equilibrar melhor os poderes", mas "caminha-se, corre-se, precipita-se para a ideia da pura democracia [...] fala-se somente de Rousseau"[359].

No longo período compreendido entre os anos do Diretório e a Comuna de Paris (1871), alguns protagonistas do socialismo nascente lembram Rousseau de forma positiva. Eles veem no autor do *Contrato social* uma fonte importante para o pensamento socialista, principalmente a propósito do tema da igualdade. São eles Babeuf (1760-1797), Buonarroti (1761-1837), Blanqui (1805-1881), Blanc (1811-1882), que recuperam, no plano político antes mesmo de no teórico, o que lhes parece positivo do período jacobino, imputando o fracasso dessa fase da Revolução não a uma impostação ideal equivocada, mas a erros organizativos e de estratégia política.

Rousseau é citado, explícita ou implicitamente, também por alguns expoentes do variado

---

358   MILL, J. S. Essay on Liberty, tradução italiana, *La Libertà,* em: *La Libertà, l'Utilitarismo, l'Asservimento delle Donne*, tradução italiana de E. Mistretta, introdução E. Lecaldano. Milão: Rizzoli, 2007, pp. 65ss.
359   TOCQUEVILLE, A de. *Scritti Politici*, tradução italiana e introdução de N. Matteucci, vol. I. Turim: UTET, 1977, p. 951 (citação de *Frammenti e Note Inedite).*

pensamento anárquico. Mikhail Aleksandrovitch Bakunin o critica por ter sido um teórico da "liberdade individualista"[360]. William Goodwin o discute, quando trata dos "princípios do governo", no mérito de conceito de contrato[361]. Francesco Saverio Merlino o coloca, citando e aceitando a posição de Clémence Auguste Royer, entre aqueles autores que evidenciaram o nexo entre guerra e propriedade: "A guerra estava, portanto, na verdade, no germe da primeira apropriação da terra, como dizia Rousseau e como Pascal havia dito antes dele"[362]. No que concerne a Joseph Proudhon, a oposição contra Rousseau se manifesta na recusa da categoria de *soberania*, no sentido que Proudhon, em *O que é a propriedade?* (1840), entende a república do *Contrato social* como uma forma de governo *ainda* política, ou seja, como domínio do homem sobre o homem, como o objetivo que ele almeja é a abolição de toda forma de governo e sua substituição pela mera administração dos aparatos produtivos, nisso seguindo uma linha típica do positivismo e, em particular, de Saint-Simon.

Apesar de sua dura polêmica com Proudhon, Marx e Engels se situam, eles também, em relação

---

360 BAKUNIN, M. A. Critica dello Stato (1871), em: *Rivolta e Libertà*, por M. Nejrotti. Roma: Editori Riuniti, 1973, p. 70. O título deste texto incompleto é da curadora.

361 GOODWIN, W. *Investigação acerca da justiça política e sua influência na moral e na felicidade. Ricerca sulla Giustizia Politica e sulla sua Influenza su Morale e Felicità* (1793-1796), tradução italiana em: *Gli Anarchici*, de G. M. Bravo. Turim: UTET, 1978, p. 153.

362 MERLINO, F. S. *Socialismo o Monopolismo? Saggio Critico del Sistema Economico Vigente* (1887), tradução italiana em: *Gli Anarchici, cit.*, pp. 1084-1085.

à indicação do objetivo final do comunismo, nesta linha, como claramente escrito no *Manifesto do Partido Comunista* de 1848. Nesse reside a ideia de que, na sociedade finalmente liberta do domínio de classe, "o poder público perderá seu caráter político"[363]. Marx, já na *Crítica da filosofia hegeliana do direito público* (redigida entre 1841 e 1843 e publicado postumamente em 1927), havia compreendido (e se equivocado sobre) Rousseau concebendo a "verdadeira democracia" como o objetivo do Estado: "os franceses modernos daí concluíram [...] que na verdadeira democracia *o Estado político desaparece. O que está correto*"[364]. É, além do mais, evidente a dívida dos dois teóricos do comunismo em relação a outros aspectos, como aquele que concerne o papel da divisão do trabalho e da propriedade privada no desenvolvimento histórico da desigualdade[365]. Trata-se de uma dúvida que Engels reconhecerá em *Antidühring* (1878), no qual escreve que, quanto à concepção dialética do relacionamento entre igualdade e desigualdade,

> *em Rousseau já nos encontramos não só com um processo de ideias idênticas às que se desenvolvem*

---

363  MARX, K.; ENGELS, F. *Manifesto do partido comunista. Manifesto del Partito Comunista* (1848), tradução italiana de P. Togliatti e F. Ferri. Roma: Editori Riuniti, 1976, p. 89; nova edição 2012.

364  MARX, K. *Crítica da filosofia do Direito de Hegel. Critica della Filosofia Hegeliana del Diritto Pubblico*, em: MARX, K. *Scritti Politici Giovanili*, tradução italiana de G. Della Volpe. Roma: Editori Riuniti, 1977, p. 42.

365  *Cf. A ideologia alemã*, escrito por Marx e Engels entre 1845 e 1846 e publicado postumamente em 1932.

em *O Capital de Marx, mas também, em detalhes, com toda uma série dos mesmos giros dialéticos que Marx emprega*[366].

O debate sobre a relação Rousseau–Marx continua até o nosso século e certamente não é possível resumi-lo, nem mesmo em linhas gerais. Vale a pena recordar, entretanto, ao menos no que diz respeito ao contexto cultural italiano, a contribuição de Galvano Della Volpe sobre essa questão, em particular no que concerne à tese segundo a qual Rousseau constitui um ponto de referência essencial para a posição do problema da igualdade. Enquanto, porém, o autor de *Contrato social* se deteve na igualdade meramente "extrínseca, *formal*, abstrata e jurídica", a teoria comunista, não subvalorizando a relevância dessa dimensão, deve apontar, para Della Volpe, à:

> *Igualdade real que por si só comporta uma liberdade real como liberdade social, que, sendo, portanto, liberdade na e pela comunidade, é verdadeiramente liberdade de todos*[367].

Nessa linha se desenvolverão as reflexões de Lucio Colletti e Umberto Cerroni[368]. De grande relevância, mesmo que hoje quase esquecido (salvo poucas exceções), é a contribuição de Rodolfo

---

366 ENGELS, F. *Antidühring*, tradução italiana de V. Gerratana. Roma: Editori Riuniti, 1971, p. 149.

367 VOLPE, G. D. *Rousseau e Marx e Altri Saggi di Critica Materialistica* (1957), prefácio de N. Merker. Roma: Editori Riuniti, 1997, p. 14.

368 Ver, respectivamente, COLLETTI, L. *Ideologia e Società*, Bari: Laterza, 1969; CERRONI, U. *Marx e il Diritto Moderno*. Roma: Editori Riuniti, 1972.

Mondolfo ao conhecimento e à interpretação de Rousseau. Basta relembrar o texto *Rousseau nella Formazione della Coscienza Moderna* de 1914, que foi depois reimpresso como introdução a J.-J. Rousseau, *Discurso e Contrato social*, Cappelli, Milão, 1924 (o mesmo editor a republicou em 1984).

Não devem ser omitidas, na primeira metade dos anos 1900, algumas considerações de Gramsci sobre a "pedagogia moderna". Ele reconhece a "grande contribuição" de Pestalozzi e de Rousseau, mas sobre o segundo escreve que sua pedagogia tem o defeito importante de ser "uma forma confusa de filosofia conectada a uma série de regras empíricas". Além disso, observa que se formou:

> Uma espécie de igreja que paralisou os estudos pedagógicos e deu lugar a curiosas involuções (*nas doutrinas de Gentile e Lombardo-Radice*).

A ideia de "espontaneidade" é uma destas: imagina-se que na criança o cérebro seja como um nó que o professor ajuda a desfazer", enquanto a espontaneidade, considerada criticamente, é muito mais "problemática"[369]. Gramsci volta à relação entre Gentile e Rousseau quando observa que na posição daquele:

> Há muito mais política do que se possa crer e muito reacionarismo inconsciente, [...] há todo o reacionarismo da velha conexão liberal, há um "deixe fazer, deixe passar" que não é justificado,

---

369 GRAMSCI, A. *Quaderni del Carcere*, por V. Gerratana. Turim: Einaudi, 2007, vol. I, p. 114 (Caderno I, § 123).

> *como era em Rousseau (e Gentile é mais rousseau-*
> *niano do que pode parecer), pela oposição à parali-*
> *sia da escola jesuítica*[370].

Como dissemos, seria completamente estéril sintetizar o debate sobre Rousseau no marxismo dos anos 1800 até hoje. Os temas que aqui foram de forma brevíssima citados constituem, entretanto, as direções de pensamento relativamente constantes, para além da diversidade das áreas culturais. São eles: a relação entre igualdade formal e igualdade material, a ideia de democracia socialista (da qual Rousseau é, por alguns, visto como precursor), a função educadora da política, a aguda consciência que Rousseau manifesta, por exemplo em *Emílio*, de uma crise revolucionária da qual a Europa estaria se aproximando. Em geral, pode-se talvez afirmar que, se de um lado muitos marxistas reconhecem, como vimos sobre Engels, seu débito em relação ao pensamento rousseauniano. De outro lado há a reserva, expressa com mais ou menos força, de que Rousseau se mantém um filósofo burguês, cujas verdades, quando existem, podem ser levadas à sua coerência e desenvolvidas em todas as suas implicações, exclusivamente pela e na filos+ofia marxista que as acolhe e as supera, em razão de sua capacidade superior de analisar o real.

Vale a pena recordar que em 1967 saía, nos *Cahiers pour l'Analyse*, um texto de Louis Althusser

---

370    *Ibid.*, vol. III, p. 2349 (Caderno 29, § 6).

que é a transcrição das aulas dadas entre 1965 e 1966 na Escola normal superior. O pensamento de Rousseau é abrupto, em saltos, cada um deles evidenciando a tensão, até o xeque-mate, da passagem entre os princípios e a História, entre a "teoria" e o "real"[371].

## 2.

Um lugar à parte deveria ser reservado àqueles autores que confrontaram o *problema Rousseau* sobre o panorama de um quadro de referências que toca aspectos salientes da crise da civilização europeia em torno da metade dos anos 1900. Trata-se de uma passagem de época que se pode considerar, ao menos por certos elementos cruciais, como a continuação daquela "crise da consciência europeia" entre o fim dos anos 1600 e o início dos anos 1700 da qual tratava em 1935 Paul Hazard em sua fundamental contribuição sobre *A crise da consciência europeia* (1680-1715).

Pouco vale inserir e catalogar esses autores em um filão, em uma corrente, ou qualquer coisa parecida; mais importante é buscar a intenção de fundo de suas obras e a parte reservada, em cada uma delas, a Rousseau.

---

371 ALTHUSSER, L. *L'Impensée de Jean-Jacques Rousseau*, tradução italiana de V. Morfino, introdução de A. Illuminati. Milão: Mimesis, 2003, p. 65.

| **170**                                    *Rousseau*

Comecemos por Oswald Spengler, que situa Rousseau, junto a muitos outros filósofos, literatos, homens religiosos, artistas, no âmbito daquela que define como "civilização", ou seja, o momento do longo crepúsculo de uma "civilidade" em que alguns homens testemunham, com suas obras e ações, a exaustão de uma época. Encontramo-nos ante as condições que, como recorda Spengler, Nietzsche definiu como "o advento do niilismo", na antiguidade ocidental representado pelo helenismo e hoje manifestado pelos "grandes nomes do século XIX: Schopenhauer, Hebbel, Wagner, Nietzsche, Ibsen e Strindberg". Mas Rousseau, com sua condenação da sociedade moderna, já está dentro de tal clima; isso se depreende de sua (mesmo que não apenas sua, naturalmente) "religião antimetafísica em revolta contra cultos e dogmas", a oposição do "direito natural" ao "direito histórico", a ideia de que o Estado seja uma "ordenação social" que se pode e se deve mudar. O lugar de Rousseau é:

> Ao lado de Sócrates e de Buda, outros representantes das grandes civilizações no campo ético. *Sua negação de todas as grandes formas de civilidade, de todas as convenções significativas, seu famoso "retorno à natureza", seu racionalismo prático não nos deixa equivocar sobre isso.*

Spengler precisa que aqui não se trata da "vida exterior", mas do que:

> *Ali existe de mais profundo, de último, da intrínseca finitude do ser das metrópoles – e, ao mesmo tempo, do provinciano. Para o mundo antigo – conclui perfeitamente – esse estágio cai no período romano. Para nós, aparecerá no período depois dos anos 2000[372].*

Nietzsche não teria, certamente, aceitado ser citado, por qualquer motivo, junto a Rousseau, que sempre considerou como um dos filósofos mais distantes de seu modo de ver as coisas. Ele o rotula como "criatura mal desenvolvida", "aborto que se alocou em meio ao umbral do novo tempo", ao qual se devem "nossos fracos, desvirilizados, sociais conceitos de bem e de mal", que promoveram a ideia de igualdade, o "veneno mais venenoso", porque a justiça exige, declara Nietzsche, não a igualdade, mas a *desigualdade entre os desiguais*[373]. Rousseau está entre os que exaltaram "nossos conceitos débeis, desvirilizados, sociais do bem e do mal" e "sua enorme extrapotência sobre o corpo e a alma". Assim, contribuiu para o enfraquecimento de "todos os corpos e todas as almas, dilacerando os homens autônomos, independentes e sem preconceitos, pilares de uma civilização *forte*[374]". Mas Nietzsche, com seu "nojo" em relação a todo ideal

---

372 SPENGLER, O. *A decadência do Ocidente. Il Tramonto dell'Occidente. Lineamenti di una Morfologia della Storia Mondiale* (o primeiro volume publicado em 1928 e o segundo, em 1922), tradução italiana de J. Evola. Milão: Longanesi, 1978, vol. I, pp. 527-528.
373 NIETZSCHE, F. Crepúsculo dos ídolos. Crepuscolo degli Idoli, tradução italiana em: *Opere Filosofiche*, de S. Giametta. Turim: UTET, 2003, vol. II, pp. 490-491 (a. 48).
374 NIETZSCHE, F. Aurora, em: *Opere Filosofiche, cit.*, vol. III, p. 741 (a. 163).

igualitário[375], certamente não era o leitor mais apto a compreender Rousseau. Também por esse motivo, não compreendeu o papel que o tema da crise da civilização tem no autor de *Discurso sobre a desigualdade*, assim como o sentido trágico que o acompanha em Rousseau. Quanto a esse aspecto, Spengler sem dúvida enxergou melhor que Nietzsche.

Também para o grande historiador da filosofia Karl Löwith, Rousseau tem um papel importante em uma passagem de época e de cultura. Nesse caso, a passagem concerne ao progressivo deslizamento – na compreensão da relação entre Deus, homem e mundo – da Teologia da história cristã à Filosofia da história moderna. Ambas são visões lineares do tornar-se – e não mais cíclicas, como no pensamento pagão. Ambas se baseiam na ideia de um *fim* para o qual a jornada humana no mundo procede e do qual tira seu significado. A diferença, para Löwith, consiste no fato de que a visão histórica moderna seculariza os conteúdos da teológica e confia ao progresso humano aquelas tarefas que, para o cristianismo, fogem ao poder do homem, o qual é chamado a agir em um plano divino que lhe é impenetrável. Em suas pretensões prometeicas, porém, as filosofias modernas da história, herdeiras infiéis da concepção cristã, frequentemente experimentam a trágica perversão da "intenção ordinária", de onde todas partem:

---

375 NIETZSCHE, F. Crepúsculo dos ídolos. Crepusculo degli Idoli, em: *Opere Filosofiche, cit.*

> *Assim Rousseau preparou o caminho para a Revo-
> lução Francesa, Marx para a russa, Nietzsche para
> a reação fascista; mas Rousseau não se reconheceria
> em Robespierre, nem Marx em Lênin e Stálin, nem
> Nietzsche em Mussolini e em Hitler[376].*

Carl Schmitt situa Rousseau no âmbito da secularização e o toma como um exemplo relevante de sua tese segundo a qual "todos os conceitos mais densos da moderna doutrina do Estado são teológicos secularizados"[377]. No autor do *Contrato social* a

> *politização dos conceitos teológicos é tão evidente
> exatamente no conceito de soberania que não foge
> a nenhum dos verdadeiros conhecedores de seus es-
> critos políticos[378].*

Schmitt cita Rousseau também em *Ditadura, das origens da ideia moderna de soberania à luta de classes proletárias* (1964)[379], evidenciando como no *Contrato social* é possível encontrar uma inegável tensão entre os dois tipos de ditadura sobre as quais o jurista alemão teoriza em sua obra. A primeira é aquela que ele define como "ditadura comissária", ou seja, uma ditadura temporânea prevista e formalizada

---

376  LÖWITH, K. *Significado e fim da história: os pressupostos teológicos da filosofia da história. Significato e Fine della Storia. I Presupposti Teologici della Filosofia della Storia* (1949), tradução italiana de F. Tedeschi Negri, prefácio de Pietro Rossi. Milão: EST, 1998, p. 242.

377  SCHMITT, C. *O conceito do político. Il Concetto del Politico* (1932), em: *Le Categorie del Politico,* tradução italiana de P. Schiera. Bolonha: il Mulino, 1972, p. 61.

378  *Ibid.*, p. 69.

379  *La Dittatura. Dalle Origini dell'Idea Moderna di Sovranità alla Lotta di Classe Proletaria,* em: *ibid.*, p. 69.

pelo ordenamento jurídico. No *Contrato* podemos encontrá-la no livro IV, capítulo 6, no qual é relembrado o modelo da prática jurídica romana. A segunda é a "ditadura soberana": por meio da qual, em vez de suspender a constituição "para defender sua existência" (como acontece com a ditadura comissária), "busca-se criar um estado de coisas em que seja possível impor uma constituição considerada autêntica"[380]. No parecer de Schmitt, esse segundo modelo também se encontraria no *Contrato social* e seria representado pelo "legislador" (livro II, capítulo 7).

Enfim, podemos recordar como, para Schmitt, Rousseau tinha um posto de relevância na progressiva construção do direito público europeu e na consequente "racionalização e humanização da guerra", já que no capítulo 4 do livro I do *Contrato* argumenta um "conceito puramente estatal de guerra", afirmando que ela jamais é um conflito entre indivíduos, mas unicamente um antagonismo entre Estados. Assim, contribui para a passagem da guerra confessional dos séculos XVI e XVII à "guerra em forma", que estará no centro do direito internacional sucessivo e que se apresenta, para Schmitt, como "uma obra-prima da razão humana"[381].

---

380 Tradução italiana de B. Liverani. Roma-Bari: Laterza, 1975.
381 SCHMITT, C. *O Nomos da Terra no Direito das Gentes do Jus Publicum Europaeum. Il Nomos della Terra nel Diritto Internazionale dello Jus Publicum Europaeum* (1950), tradução italiana e prefácio de E. Castrucci e F. Volpi. Milão: Adelphi, 1991, pp. 177-178ss.

Ernst Cassirer[382] também coloca Rousseau em um panorama muito mais amplo que aquele constituído pela jornada moderna da filosofia moral e da política. Evidencia, de fato, o curso da mutação radical que Rousseau apresentou, em seu parecer, no "problema da teodiceia", ou seja, na secular questão de como podem coexistir a justiça e a onipotência de Deus, de um lado, e o mal no mundo, no outro. Segundo Cassirer, Rousseau coloca, no *Discurso sobre a desigualdade*, a "responsabilidade" do mal "em um ponto onde jamais antes de agora havia sido procurada", ou seja, no "homem particular", que leva consigo as consequências do pecado original (segundo a tradicional posição cristã), mas na "sociedade humana". Essa releitura, que faz do mal um mero produto histórico-social, está, para Cassirer, na origem de todos aqueles movimentos políticos revolucionários animados pela convicção de que o mal, tendo sido introduzido pelo homem com a criação da propriedade privada e da desigualdade, pode ser não apenas diminuído, mas eliminado, já que a sociedade injusta, e apenas ela, constitui sua origem. E a sociedade, diferentemente do homem, pode ser mudada em suas raízes, transformada, refeita, literalmente recriada.

Trata-se de uma interpretação que teve muitíssima adesão e que se tornou quase um ponto indiscutível nos estudos sobre Rousseau. Jean Starobinski retoma

---

382  CASSIRER, E. Das Problem J.-J. Rousseau, em: *Archiv für Geschichte der Philosophie*, vol. 41 (1933), tradução italiana em: Il Problema Gian Giacomo Rousseau, em: CASSIRER, E.; DARNTON, R.; STAROBINSKI, J. *Tre Letture di Rousseau*. Roma-Bari: Laterza, 1994.

essa interpretação quando observa que, para o filósofo genebrino, "o mal é produzido ao longo da história e da sociedade, sem alterar a essência do indivíduo". Isso quer dizer que "a culpa da sociedade não é culpa do homem em sua essência, mas em suas relações", e que "ao mal e à degradação histórica é possível atribuir uma posição periférica em relação à natureza original, que permanece central". O mal, "repelido à periferia do ser", pode, como mero produto histórico, social, ambiental, ser erradicado com meios puramente humanos, se é verdade que é "nas mãos do homem, não em seu coração, que tudo degenera"[383].

Entre as interpretações que posicionam Rousseau no âmbito da secularização não pode não ser mencionada aquela do filósofo italiano Augusto Del Noce. Rousseau, em sua visão, faz parte do processo moderno de secularização porque, uma vez repelida a Revolução, com o dogma do pecado original em seu centro, introduz em seu lugar a ideia de que a humanidade pode se salvar – ou seja, anular os males que há milênios a afligem – por meio da ação política. Ação essa capaz de eliminar suas causas, principalmente a desigualdade, com todas as suas inumeráveis consequências. Assim a política se transforma em uma forma de religiosidade ateia, ou seja, na busca de forma alguma além do mundo, mas no mundo, e sem mais qualquer referência a Deus. Mas, para Del Noce,

---

383    STAROBINSKI, J. *Jean-Jacques Rousseau: A transparência e o obstáculo. La Trasparenza e l'Ostacolo. Saggio su Jean-Jacques Rousseau* (1958), tradução italiana de R. Albertini. Bolonha: il Mulino, 1982, pp. 50-51.

há em Rousseau uma ambivalência, porque, sobretudo em *Emílio*, ele se debate contra o materialismo e o ateísmo dos *philosophes*. Isso impede que o reduzamos em tudo e por tudo à jornada do imanentismo e do racionalismo modernos[384].

# 3.

Um outro ângulo interessante para considerar a "sorte" de Rousseau é aquele em que podemos focalizar o tema em última análise central de sua filosofia, ou seja, a liberdade. Desse ponto de vista, Rousseau é um autor essencial para o grande adversário de Schmitt na filosofia do direito dos anos 1900, Hans Kelsen. Ele o é por ter teorizado de maneira sistemática a ideia de liberdade no sentido democrático, ou seja, como *autonomia política*. A teoria democrática de Rousseau junta e harmoniza, no parecer de Kelsen, dois "postulados" aparentemente incompatíveis: o primeiro leva o homem a recusar a sujeição à autoridade em nome da igualdade (*por que me submeter à vontade dos outros se sou igual a eles?*). O segundo, em vez disso, leva-o a dever reconhecê-la, dado que sem ela a sociedade não poderia existir e perdurar. A solução democrática consiste em mostrar como se pode aceitar a validade objetiva do ordenamento jurídico (e, portanto, a autoridade que emana daí), permanecendo livres e iguais. Para chegar a isso, é

---

384   DEL NOCE, A. *Il Problema dell'Ateismo* (1964), com Posfácio de M. Cacciari. Bolonha: Il Mulino, 2010.

|178

necessário que as leis sejam, nos limites do possível, expressão da vontade dos associados. Escreve Kelsen:

> *Se deve haver uma sociedade, e, mais ainda, Estado, deve haver um regulamento obrigatório das relações dos homens entre si, deve haver um poder. Mas se nós devemos ser comandados, queremos ser comandados por nós mesmos.*

Dessa forma, "a liberdade natural se transforma em liberdade social ou política". Essa é a "essência" da democracia, que se coloca como alternativa à autocracia e à anarquia[385]. Deve-se também reconhecer que Kelsen, na medida em que se proclama um "relativista" em ética e, por consequência, um adversário do direito natural[386], certamente não é coerente quando se refere a Rousseau. Na realidade, esse último constantemente combateu o ceticismo de seu tempo e afirmou o fundamento transcendente das leis naturais (ver, aqui, a parte sobre as *Obras*) A mesma referência de Kelsen ao conceito de liberdade rousseauniano é deceptiva: como Rousseau quer dizer, com "liberdade", a autodeterminação racional, Kelsen a entende como escolha ditada unicamente pela vontade. Estamos, assim, frente a uma concepção voluntarística e formalística da democracia, de um lado (Kelsen), e a uma concepção racionalística e jusnaturalística, de outro (Rousseau). Daí deriva

---

385   KELSEN, H. Essência e Valor da Democracia. Essenza e Valore della Democrazia (1929), tradução italiana de G. Melloni, em: *La Democrazia*. Bolonha: il Mulino, 1984, pp. 39-49.
386   *Cf. ibid.*, pp. 137-144, 211-218, 260-266.

que podemos muito bem aceitar a teoria democrática kelseniana, mas não a compreendendo como desenvolvimento e retomada da teoria de Rousseau.

Friedrich von Hayek (1899-1992), talvez a figura mais expoente do liberalismo dos anos 1900, ataca Rousseau por sua inspiração cartesiana, ou seja, por seu racionalismo abstrato que tende a pensar e a construir a sociedade como um modelo, esquecendo assim dos limites da razão e da previsão humanas, como o papel da tradição, dos costumes, da História. Sem esses elementos fica em nossas mãos uma ideia de liberdade sem substância e sem concretude. Não apenas isso, mas também uma ideia de liberdade que, apontando para a onipotência do soberano, acaba por sacrificar o direito à vontade arbitrária do poder legislativo[387].

Karl Raimund Popper (1902-1994) rotula Rousseau como precursor do "coletivismo romântico" por ter concebido a sociedade política similarmente a uma "superpersonalidade"; adiciona que as teorias de Rousseau continham um "germe de nacionalismo", na medida em que todo povo era por ele compreendido, sustenta Popper, como uma individualidade orgânica e irredutível às outras[388].

---

387  HAYEK, F. von. *Direito, legislação e liberdade. Uma nova formulação dos princípios liberais de justiça e economia política. Legge, Legislazione, Libertà. Una Nuova Enunciazione dei Principi Liberali della Giustizia e dell'Economia Politica*, tradução italiana de P. G. Monateri, A. Petroni e S. Monti Bragadin. Milão: Il Saggiatore, 1986, pp. 16-17 e 37-39.
388  POPPER, K. R. *A sociedade aberta e seus inimigos. La Società Aperta e i Suoi Nemici*, tradução italiana de R. Pavetto. Roma: Armando, 1981, vol. II, pp. 53, 71-72.

Não melhora com Isaiah Berlin, quando lida, em *Freedom and its betrayal*, com esse "vagabundo genial"[389]. Berlin – cujo texto mais importante sobre o assunto é *Four Essays on Liberty*[390] – parte de uma questão bem parecida àquela que coloca, como vimos, Kelsen:

> *Como pode a liberdade ser compatível com as normas, que enjaulam o homem, impedem-no de fazer tudo o que gostaria de fazer [...], e em uma certa medida o controlam?*[391]

Isso, para Berlin e para Kelsen, é a questão que Rousseau tenta responder. Mas Berlin sugere uma interpretação diversa daquela do jurista austríaco. Em sua visão, Rousseau não visa à liberdade de escolha, mas à identificação da liberdade com uma lei moral objetiva, obedecendo a qual o homem realiza sua *verdadeira* natureza e seus *verdadeiros* fins. Assim fazendo, cria, porém, segundo Berlin, um "paradoxo": querer fazer coexistir "dois valores absolutos" e, como tais, incompatíveis, ou seja, "o valor absoluto da liberdade e o valor absoluto das regras justas"[392]. Qual é o resultado? Acabar por identificar – argumenta Berlin – liberdade absoluta e absoluta autoridade: quanto mais obedeço à minha *justa e verdadeira* vontade, mais sou livre e mais adiro a meu

---

389   BERLIN, I. *Freedom and Its Betrayal. La libertà e i Suoi Traditori*, por H. Hardy, tradução italiana de G. Ferrara degli Uberti. Milão: Adelphi, 2005, p. 78. Originalmente, foram seis conferências transmitidas pela BBC em 1952.

390   BERLIN, I. *Four Essays on Liberty* (1958, 1975), tradução italiana de M. Santambrogio. Milão: Feltrinelli, 1989.

391   *Ibid.*, p. 69.

392   *Ibid.*, p. 70.

verdadeiro eu. A liberdade se transforma, com um jogo de palavras, em obediência incondicionada à autoridade: as correntes existem, mas não o são mais no momento exato em que sou eu quem as me dou ("Um homem que é acorrentado por si mesmo não é um prisioneiro"[393]). Isso é, para Berlin, o significado do princípio segundo o qual o *corpo* pode exigir que suas *partes* particulares, ou seja os indivíduos, *sejam livres* mesmo contra sua vontade. Isso se torna totalmente legítimo se pensarmos (como, segundo Berlin, Rousseau faz) que estabelecer qual é a vontade justa e boa de alguém não é tarefa do interessado, mas de quem saiba em que consistem essa justiça e essa bondade. Assim, para Berlin, Rousseau estabeleceu o princípio que "os jacobinos, Robespierre, Hitler, Mussolini, os comunistas" seguirão:

> Os homens que não sabem o que realmente querem, e [...] portanto, querendo-o por eles, [...] nós lhes damos o que em algum sentido oculto, sem saber, eles mesmos "na realidade" querem[394].

Daqui para dizer que Rousseau foi "um dos mais sinistros e formidáveis inimigos da liberdade em toda a história do pensamento humano"[395], a distância é curta.

A respeito de duas concessões da liberdade, a liberal (*liberdade de*, ou seja, ausência de vínculos às ações individuais), e a democrática (*liberdade para*, ou seja,

393   *Ibid.*, pp. 81-82.
394   *Ibid.*, pp. 86-87.
395   *Ibid.*, p. 89.

participação no processo de decisão política), sobre as distinções e sobre as relações entre elas, devemos mencionar três estudos de Norberto Bobbio: *Della Libertà dei Moderni Comparata Aquella dei Posteri*, 1955; *Kant e le Due Libertà*, 1965; *La Democracia dei Moderni Paragonata a Aquella degli Antichi (e aquella dei posteri)*, 1987[396].

Profundamente crítico a Rousseau também é o liberal conservador Leo Strauss, que parte, porém, de um sistema teórico muito diverso e bem mais articulado que o utilizado por Berlin. A Strauss interessa o papel de Rousseau (ao lado de Hobbes e Locke) na crise do direito natural. A consideração essencial tratada por Rousseau é que o autor do *Contrato social* se situa fora do jusnaturalismo por efeito da negação do próprio conceito de *natureza humana*, já que a considera "maleável quase até o infinito": "O homem não tem uma natureza no sentido preciso do termo: uma natureza que coloque um limite no que ele pode fazer de si mesmo"[397]. Fato é que o abandono do direito natural em sua única formulação coerente, aquela "clássica" (Platão, Aristóteles, Tomás de Aquino) leva, para Strauss, ao "niilismo", já que impede a distinção das leis justas daquelas injustas[398]. Portanto, Rousseau não se voltou tanto ao totalitarismo, mas ao niilismo como negação da objetividade e universalidade dos valores morais, jurídicos, políticos.

---

396  BOVERO, M. Coletâneas, em:  BOBBIO, N. *Teoria Generale della Politica* (1999). Turim: Einaudi, 2009.
397  STRAUSS, L. *Direito natural e história. Diritto Naturale e Storia*, tradução de N. Pierri. Vicenza: Neri Pozza, 1957, pp. 263-264.
398  *Ibid.*, pp. 17-18, 22.

Por sua vez, Hannah Arendt, próxima a Strauss pela admiração nutrida em relação à experiência política das antigas repúblicas, enxerga em Rousseau um elemento teórico particularmente perigoso. Consiste em ter substituído a ideia de *consenso* – que implica a deliberação comum em vista de um acordo livremente obtido e revisível – à ideia de "vontade geral". Considerada, em vez disso, por Arendt como fundamento não de uma unidade discursiva, mas de uma "unanimidade" na presença da qual todo interesse particular é, por definição, culpado e a ser combatido de todas as formas. Aqui, segundo Arendt, estariam as bases da "teoria do terror de Robespierre até Lênin e Stálin"[399].

Diversa de grande parte das interpretações de matriz liberal é a leitura oferecida pelo filósofo personalista cristão Jacques Maritain. Ele não absolve Rousseau. Em vez disso, critica-o com tons ao menos tão radicais quanto aqueles de que falamos. Mas se questiona se a "estadolatria" que o caracteriza depende não de um suposto organicismo e anti-individualismo, mas exatamente o contrário: se é o efeito de uma das formas mais extremas do individualismo moderno, que encontra sua correspondência em nível jurídico na figura do contrato.

---

399   ARENDT, H. *Sobre a revolução. sulla Rivoluzione*, tradução italiana de M. Magrini, com notas de E. Zorzi. Milão: Comunità, 1983, pp. 79-83, *passim*.

> *Assim o individualismo puro – escreve Maritain –, exatamente por desconhecer a realidade própria dos laços sociais que ocorrem aos indivíduos por exigência da natureza, leva, quando começa a construir uma sociedade, a uma verdadeira estadolatria*[400].

Segundo Maritain, em Rousseau não há uma síntese entre a imagem do homem no estado natural, em que o indivíduo existe apenas por si, e a imagem do *citoyen*, que vale, em vez disso, apenas como *parte*[401].

Uma importante direção interpretativa foi indicada, em tempos mais recentes, por filósofos que, superando a interpretação coletivista ou a individualista, seguiram para colher e valorizar a importância da dimensão intersubjetiva na concepção do homem de Rousseau. Partindo daqui, colocaram-no entre os expoentes mais relevantes do republicanismo moderno e, de forma mais geral, da "tradição cívica humanista", evidenciando o componente comunitário de sua filosofia política e seu interesse pela igualdade distributiva[402]. Charles Taylor vê em Rousseau um representante crucial da concepção "subjetivística" da identidade que se desenvolve na modernidade[403].

---

400 MARITAIN, J. *Trois Réformateurs: Luther – Descartes – Rousseau. Tre Riformatori. Lutero, Cartesio, Rousseau*, tradução italiana de A. Pavan. Brescia: Morcelliana, 1979, p. 169.
401 *Cf. ibidem.*
402 *Cf.* TAYLOR, C. O debate liberal-comunitário. Il Dibattito fra Sordi di Liberari e Comunitari, tradução italiana em: FERRARA, A. (ed.) *Comunitarismo e liberalismo*. Roma: Editori Riuniti, 1992, p. 152; La Natura e la Portata della Giustizia Deliberativa, em: *Comunitarismo e liberalismo*, cit., p. 105.
403 TAYLOR, C. *As fontes do self: a construção da identidade*

Entre os liberais, John Rawls utilizou Rousseau fora dos clichês que examinamos. De um lado, Rawls, apresentando sua teoria da justiça como "equidade", manifesta desde o início recuperar o quadro de fundo de tal teoria a partir do contratualismo "de Locke, Rousseau e Kant"[404]. Também atribui a Locke e a Rousseau um papel particular na elaboração da teoria moderna da tolerância, à medida que ambos não a fazem mais depender de considerações de fé, mas julgam sua extensão e seus limites apenas "com base no que supunham ser as consequências claras e evidentes para a ordem pública"[405].

Jürgen Habermas, trabalhando em torno de uma teoria da democracia baseada sobre a ação comunicativa, propõe-se a sintetizar a herança kantiana (em que os "direitos humanos" são centrais) e a herança rousseauniana (em que a "soberania popular" é central). Isso, sem separar, como aconteceu muito frequentemente, essas duas dimensões da liberdade, privada e pública[406].

Com esse breve relato da *fortuna* de Rousseau, é possível documentar, em parte, que a atenção dos filósofos que o estudaram se voltou à dimensão política

---

moderna. *Radici dell'Io. La Costruzione dell'Identità Moderna*, tradução italiana de R. Rini. Milão: Feltrinelli, 1993, pp. 437-444.

404   RAWLS, J. *Uma teoria da justiça. Una Teoria della Giustizia* (1971), tradução italiana de U. Santini, revisão e edição de S. Maffettone. Milão: Feltrinelli, 1984, pp. 13-14 e 27.

405   *Ibid.*, p. 187.

406   HABERMAS, J. *Entre fatos e normas*: contribuições para uma teoria do discurso do direito e da democracia. *Fatti e Norme. Contributi a una Teoria Discorsiva del Diritto e della Democrazia* (1992), tradução italiana de L. Ceppa. Roma-Bari: Laterza, 2013, pp. 103ss.

de seu pensamento. Daí deriva uma história das interpretações em que, não raro, tende a aflorar certa repetitividade. Mas, sobretudo, é gerada uma evidente subvalorização dos outros conteúdos da reflexão rousseauniana. Não que sobre isso não se tenha escrito e dito muito, mas a impressão é de que ainda haja muito o que escrever e o que dizer, de forma a se atingir, no panorama da filosofia moderna, uma perspectiva sobre Rousseau menos sobreposta no sentido político. As iniciativas em ocasião do tricentenário ofereceram alguma abertura nessa direção, mas também evidenciaram como ainda há muito o que se trabalhar, por exemplo, sobre o pensamento religioso de Rousseau, sobre os múltiplos conteúdos de sua autobiografia, sobre as fontes e as complexas articulações de sua antropologia filosófica, que é um aspecto essencial para a compreensão exaustiva do autor, que continua a dividir seus intérpretes com contrastes difíceis de encontrar nas interpretações de outros, antigos, medievais ou modernos. Apesar das melhores intenções de se encontrarem pontos de mediação entre as várias leituras propostas, é difícil, ainda hoje, não *tomar partido* sobre Jean-Jacques. É aí também que reside o interesse e, por que não, o fascínio ligado a seus escritos intencionalmente *polêmicos*.

# Referências bibliográficas

## Edições principais das obras

*Oeuvres Complètes*, edição de B. Gagnebin e M. Raymond. Paris: Gallimard, 1959-1995, cinco volumes.

*Oeuvres Complètes et Lettres*, edição de R. Trousson, F. S. Eigeldinger e J.-D. Candaux. Genebra-Paris: Slatkine-Champion, 2012, 24 volumes.

*Oeuvres Complètes*. Présentation Chronologique. Édition du Tricentenaire (1712-2012), edição de J. Berchtold, F. Jacob e Y. Séité. Paris: Garnier (totalização da obra, em 20 volumes, prevista para 2016).

## Algumas traduções italianas

*Il Contrato Sociale*, tradução italiana de J. Bertolazzi, introdução de A. Burgio, notas de A. Marchili. Milão: Feltrinelli, 2010.

*Il Contrato Sociale,* tradução italiana, introdução, notas e glossário de R. Gatti. Milão: Rizzoli, 2012.

*Emilio, o dell'Educazione,* tradução italiana de E. Nardi. Florença: La Nuova Italia, 2002.

*Emilio e Sofia, o i Solitari,* tradução italiana de E. Becchi. Florença: La Nuova Italia, 1992.

*Emilio, o dell'Educazione*, tradução italiana de P. Massimi. Roma: Armando, 2012.

*Giulia o la Nuova Eloisa. Lettere di due Amanti di una Cittadina ai Piedi delle Alpi*, tradução italiana de P. Bianchi, introdução e comentários de E. Pulcini. Milão: Rizzoli, 2008.

*Le Confessioni*, tradução italiana e introdução de G. Cesarano. Milão: Garzanti, 2009.

*Le Fantasticherie del Passeggiatore Solitario*, tradução italiana de N. Cappelletti Truci, introdução, documentos críticos e notas de H. Roddier. Milão: Rizzoli, 2009.

*Discorsi sulle Scienze e sulle Arti, sull'Origine della Disuguaglianza fra gli Uomini*, tradução italiana de R. Mondolfo, introdução e notas de L. Luporini. Milão: Rizzoli, 2012.

*Oltre l'Emilio: Scritti di Rousseau sull'Educazione*, tradução italiana de E. Nardi. Milão: FrancoAngeli, 2005.

*Opere*, por Paolo Rossi. Florença: Sansoni, 1993. Contém o *Discorso sulle Scienze e sulle Arti* (tradução italiana de R. Mondolfo), o Prefácio a *Narciso* (tradução italiana de E. Renzi), o *Discorso sull'Origine e i Fondamenti della Disuguaglianza* (tradução italiana de R. Mondolfo), o *Discorso sull'Economia Politica* (tradução italiana de B. Gentile), a carta de Rousseau a Voltaire de 18 de agosto de 1756 sobre o terremoto de Lisboa (tradução italiana de E. Renzi), os *Scritti sull'Abbé de Saint-Pierre* (tradução italiana de L. Luporini), a *Lettera a D'Alembert sugli Spettaccoli* (tradução italiana de

G. Scuto), *Il Contrato Sociale* (tradução italiana de R. Mondolfo), *Emilio* (tradução italiana de L. de Anna), *Progetto di Costituzione per la Corsica* (tradução italiana de B. Gentile), *Le Confessioni* (tradução italiana de V. Sottile Scaduto), *Rousseau Giudice di Jean-Jacques. Dialoghi* (tradução italiana de E. Melon Cantoni), *Le Passeggiate Solitarie* (tradução italiana de B. dal Fabbro).

*Saggio sull'Origine delle Lingue*, tradução italiana e introdução de G. Gentile. Nápoles: Guida, 1984; *Saggio sull'Origine delle Lingue. Dove si Parla della Melodia e dell'Imitazione Musicale*, tradução italiana e introdução de P. Bora. Turim: Einaudi, 1989.

*Scritti Autobiografici* (*Le Confessioni, Le Fantasticherie del Passeggiatore Solitario, Rousseau Giudice di Jean-Jacques, Lettere a Malesherbes*), tradução italiana de M. Rago, A. Canobbio, P. Adinolfi, P. Sosso, edição de L. Sozzi. Turim: Einaudi–Gallimard, 1997.

*Scritti Politici di Jean-Jacques Rousseau,* tradução italiana de J. Bertolazzi, edição de P. Alatri. Turim: UTET, 1970. *Scritti Politici,* edição de E. Garin e M. Garin. Roma-Bari: Laterza 1994, três volumes.

# Bibliografia geral*

FELICE, D. *Jean-Jacques Rousseau in Italia. Bibliografia (1816-1986)*. Bolonha: Clueb, 1987.

---

\* Essencial a consulta de *Annales de la Soci*été Jean-Jacques Rousseau (1905).

ROGGERONE, G. A.; VERGINE, P. I. *Bibliografia delle Opere di J.-J. Rousseau (1950-1990)*. Lecce: Milella, 1992.

SCHINZ, A. *État Presente des Travaux sur J.-J. Rousseau*. Nova York: Modern Language Association of America, 1941.

SILVESTRINI, G. Letture del Contratto Sociale dagli Anni '60 ad Oggi, em: ROUSSEAU, J.-J. *Il Contratto Sociale*. Turim: Einaudi, 1994.

XIAOLING, W. *Jean-Jacques Rousseau en Chine: de 1871 à nos Jours*. Montmorency: Musée Jean Jacques Rousseau, 2012.

## Dicionários

*Dictionnaire de Jean-Jacques Rousseau*, edição de R. Trouson e F. S. Eigeldinger. Paris: Honoré Champion, 1996.

FORNI ROSA, G. *Dictionnaire Rousseau: Anthropologie, Politique, Religion*, Prefácio de R. Thiéry. Montmorency: Société internationale des Amis du Musée J.-J. Rousseau, 2011.

## Estudos sobre o pensamento político

ALTHUSSER, L. *Cours sur Rousseau: 1972*, edição de Y. Vargas. Paris: Le Temps des Cerises, 2012.

BACHOFEN, B. *La Condicion de la Liberté: Rousseau, Critique des Raisons Politiques.* Paris: Payot & Rivage, 2002.

BACZKO, B. *Jean-Jacques Rousseau. Solitude et Communauté* (1964, em polonês). Paris-La Haye: Mouton, 1974.

BEDESCHI, G. *Il Rifiuto della Modernità: Saggio su Jean-Jacques Rousseau.* Florença: Le Lettere, 2010.

BERNARDI, B. *La Fabrique des Concepts: Recherches sur l'Invention Conceptuelle chez Rousseau.* Paris: Honoré Champion, 2006.

BLUM, C. *Rousseau and the Republic of Virtue: The Language of Politics in the French Revolution.* Londres: Ithaca, 1986.

BURGELIN, P. *La Philosophie de l'Existence de Jean-Jacques Rousseau.* Paris: PUF, 1952 (reimpresso em 1978).

BURGIO, A. *Eguaglianza Interesse Unanimità. La Politica di Rousseau.* Nápoles: Bibliopolis, 1989.

_____. *Rousseau e Gli Altri: Teoria e Critica della Democrazia tra Sette e Novecento.* Roma: Derive Approdi, 2012.

CASSIRER, E. Il Problema Gian Giacomo Rousseau, em: CASSIRER, E.; DARNTON, R.; CELL, H. R.; MACADAM, J. I. *Rousseau's Response to Hobbes.* Berna-Frankfurt-Nova York: Peter Lang, 1988.

STAROBINSKI, J. *Tre Letture di Rousseau,* tradução italiana de M. Albanese, G. Guglielmi e A. de Lachenal. Roma-Bari: Laterza, 1994.

CHAPMANN, J. W. *Rousseau: Totalitario o Liberale?*, tradução italiana de A. Prontera e N. D'Elia, edição de A. Prontera. Lecce: Edizione Milella, 1974.

CHIODI, G. M.; GATTI, R. (ed.) *La Filosofia Politica de Rousseau*. Milão: FrancoAngeli, 2012.

DE FREDERICIS, N. *Gli Imperativi del Diritto Pubblico: Rousseau, Kant e i Diritti dell'Uomo*. Pisa: Plus, 2005.

DELLA VOLPE, G. *Rousseau e Marx e Altri Saggi di Critica Materialistica*, edição de N. Merker. Roma: Editori Riuniti, 1997.

DEMOUGE, G. *Rousseau ou la Revolution Impossible*. Paris: L'Harmattan, 2002.

DERATHÉ, R. *Jean-Jacques Rousseau e la Scienza Politica del suo Tempo*, tradução italiana de R. Ferrara. Bolonha: il Mulino, 1993.

FAICK, D. *Le Travail: Anthropologie et Politique. Essai sur Rousseau*. Paris: Droz, 2009.

FETSCHER, L. *La Filosofia Politica di Rousseau. Per la Storia del Concetto Democratico di Libertà,* tradução italiana de L. Derla. Milão: Feltrinelli, 1972.

FORNI, G. *Alienazione e Storia. Saggio su Rousseau*. Bolonha: il Mulino, 1976.

GALICE, G.; MIQUIEU, C. *Penser la République, la Guerre et la Paix: sur les Traces de Jean-Jacques Rousseau*. Genebra: Slatkine, 2012.

GATTI, R. *Una Fragile Libertà. Esercizio di Lettura su Rousseau*. Nápoles: ESI, 2001.

GATTI, R. *Rousseau, il Male e la Politica*. Roma: Studium, 2011.

GENTILE, G. *La Reppublica Virtuosa: Rousseau nel Settecento Politico Meridionale*. Nápoles: Morano, 1989.

GOLDSCHMIDT, A. *Anthropologie et Politique. Les Príncipes du Système de Rousseau*. Paris: Vrin, 1974.

GOYARD-FABRE, S. *Politique et Philosophie dans l'Oeuvre de Jean-Jacques Rousseau*. Paris: PUF, 2001.

HATZENBERGER, A. *Rousseau et l'Utopie: de l'État Insulaire aux Cosmotopies*. Paris: Champion, 2012.

IANNELLO, N. *L'Ordine degli Uomini: Antropologia e Politica nel Pensiero di Thomas Hobbes e di Jean-Jacques Rousseau*. Pisa: Istituti Poligrafici Editoriali Internazionale, 1988.

ILLUMINATI, A. *Rousseau, Solitudine e Comunità: una Fondaziione dei Valori Borghesi*. Roma: Manifesto-Libri, 2002.

KRYGER, E. *La Notion de Liberté chez Rousseau et ses Répercussions sur Kant*. Paris: Nizet, 1978.

LAUNAY, M. *Le Vocabulaire Politique de Jean-Jacques Rousseau*. Genebra–Paris: Slatkine, 1977.

LEPAN, G. *Jean-Jacques Rousseau et le Patriotisme*. Paris: Champion, 2007.

LOCHE, A. *Immagini dello Stato di Natura in Jean-Jacques Rousseau*. Milão: FrancoAngeli, 2003.

|196

MARTIN-HAAG, E. *Rousseau ou la Conscience Sociale des Lumières*. Paris: Champion, 2009.

MASTERS, R. D. *The Political Philosophy of Rousseau*. Princeton: University Press, 1968.

MAYER-TASCH, P. C. *Hobbes und Rousseau*. Darmstadt: Scientia-Verlag Aalen, 1976.

METELLI DI LALLO, C. *Componenti Anarchiche nel Pensiero di J.-J. Rousseau*. Florença: La Nuova Italia, 1970.

MURA, V. *La Teoria Democratica del Potere. Saggio su Rousseau*. Pisa: ETS, 1979.

NOONE, J. B. *Rousseau's Social Contract. A Conceptual Analysis*. Londres: Prior, 1980.

PASQUALUCCI, P. *Rousseau e Kant*. Milão: Giuffrè, 1976, dois volumes.

PEZZILLO, C. *Rousseau e Hobbes: Fondamenti Razionali per una Democrazia Politica*. Genebra-Paris: Slatkine, 1987.

PHILONENKO, A. *Jean-Jacques Rousseau et la Pensée du Malheur*. Paris: Vrin, 1984, três volumes.

POLIN, R. *La Politique de la Solitude. Essai sur J.-J. Rousseau*. Paris: Sirey, 1971.

PUTTERMAN, E. *Rousseau, Law and the Sovereignty of the People*. Cambridge: University Press, 2010.

REALE, M. *Le Ragioni della Politica. J.-J. Rousseau dal Discorso sull'Ineguaglianza al contratto sociale*. Roma: Editora dell'Ateneo, 1982.

RILEY, P. *La Volontà Generale Prima di Rousseau: la Trasformazione del Divino nel Politico. Saggi di Filosofia Morale, Politica e Giuridica*, tradução italiana de C. Tusa. Milão: Giuffrè, 1995.

RIZZI, L. Liberalismo Etico e Religione Civile, em: *Rousseau*. Milão: FrancoAngeli, 1997.

ROGGERONE, G. A. *Saint-Pierre e Rousseau. Confederazione, Democrazia, utopia*. Milão: FrancoAngeli, 1985.

ROSENBLATT, H. *Rousseau and Geneva: from the First Discours to the Social Contract, 1749-1762*. Cambridge: Cambidge University Press, 1997.

SHKLAR, J. N. *Man and Citizen. A Study of Rousseau's Social Theory*. Cambridge: Cambridge University Press, 1969.

SILVESTRINI, G. *Diritto Naturale e Volontà Generale: il Contrattualismo Republicano di Jean-Jacques Rousseau*. Turim: Claudiana, 2010.

SPAEMANN, R. *Rousseau Citadino Senza Pátria: Dalla Polis alla Natura,* tradução italiana de L. Allodi, prefácio de S. Belardinelli, posfácio de L. Allodi. Milão: Ares, 2009.

STAROBINSKI, J. *La Trasparenza e l'Ostacolo. Saggio su Jean-Jacques Rousseau*, tradução italiana de R. Albertini. Bolonha: Il Mulino, 1982.

TALMON, J. *Le Origini della Democrazia Totalitaria*, tradução italiana de M. L. Izzo Agnetti. Bolonha: il Mulino, 1967.

| 198

VINCENTI, L. *Jean-Jacques Rousseau. l'Individu et la République*. Paris: Klimée, 2001.

VIROLI, M. *J.-J. Rousseau e la Teoria della Società ben Ordinata*. Bolonha: il Mulino, 1993.

WATERLOT, G. *Rousseau: Religion et Politique*. Paris: PUF, 2004.

## Estudos sobre a ética e a antropologia

BERNARDI, B. *La Fabrique des Concepts: Recherches sur l'Invention Conceptuelle chez Rousseau*. Paris: Honoré Champion, 2006.

BONETTI, A. *Antropologia e Teologia in Rousseau. La Professione di fede del Vicario Savoiardo*. Milão: Vita e Pensiero, 1976.

BURGELIN, P. *La Philosophie de l'Existence de Jean-Jacques Rousseau,* Paris, 1978 (reimpressão da edição de 1952).

CARNEVALI, B. *Romanticismo e Riconoscimento: Figure della Coscienza in Rousseau*. Bolonha: il Mulino, 2004.

CHIRPAZ, F. *L'Homme et son Histoire. Essai sur J.-J. Rousseau*. Genebra: Labor et fides, 1984.

DE SIMONE, A. *Alchimia del Segno: Rousseau dopo Rousseau. Filosofia, Linguaggio, Scrittura*. Urbino: Università degli Studi, 1985.

FAICK, D. *Le Travail: Anthropologia et Politique. Essai sur Rousseau*. Genebra: Librairie Droz, 2009.

FERRARA, A. *Modernità e Autenticità: Saggio sul Pensiero Sociale ed Etico di J.-J. Rousseau*. Roma: Armando, 1989.

FORNI ROSA, G. *L'Amore Impossibile: Filosofia e Letteratura da Rousseau a Lévi-Strauss*. Gênova-Milão: Marietti 1820, 2010.

GAUTHIER, D. P. *Rousseau: the Sentiments of Existence*. Cambridge: University Press, 2006.

GOLDSCHMIDT, V. *Anthropologie et Politique. Les Principes du Système de Rousseau*. Paris: Vrin, 1983.

HENDEL, C. *Rousseau moralist*. Londres-Nova York: Oxford University Press, 1934, dois volumes.

KRIEGER, E. *La Notion de Liberté chez Rousseau et ses Repercussion sur Kant*. Paris: Nizet, 1978.

LOVEJOY, A. "Il Suposto Primitivismo nel Discorso sulla Disuguaglianza di Rousseau", em: LOVEJOY, A. *L'Albero della Conoscenza*, tradução italiana de D. de Vera Pardini. Bolonha: il Mulino, 1982.

MAGUIRE, M. W. *The Conversion of Imagination: from Pascal Through Rousseau to Tocqueville*. Cambridge: Harvard University Press, 2006.

MENIN, M. *Il Libro mai Scritto: la Morale Sensitiva di Rousseau*. Bolonha: il Mulino, 2013.

NEUHOUSER, F. *Rousseau's Theodicy of Self-love: Evil, Rationality, and the Drive for Recognition*. Oxford: University Press, 2008.

|200

PHILONENKO, A. *Jean-Jacques Rousseau et la Pensée du Malheur*. Paris: Vrin, 1984, três volumes.

PULCINI, E. *Amour-passion e Amore Coniugale. Rousseau e l'Origine di un Conflito Moderno*. Veneza: Marsilio, 1990.

RADICA, G. *L'Histoire de la Raison: Anthropologie, Morale e Politique chez Rousseau*. Paris: Honoré Champion, 2008.

STAROBINSKI, J. *Accuser et Séduire: Essais sur Jean--Jacques Rousseau*. Paris: Gallimard, 2012.

_____. *La Trasparenza e l'Ostacolo. Saggio su Jean--Jacques Rousseau*, tradução italiana de R. Albertini. Bolonha: il Mulino, 1982.

TODOROV, T. *Fragile Felicita: Saggio su Rousseau*, tradução italiana de L. Xella. Bolonha: il Mulino, 2002.

VINCENTI, L. (ed.) *Rousseau et le Marxisme*. Paris: Publications de la Sorbonne, 2011.

## Estudos sobre o pensamento religioso

APOLLONI, M. *La Religione di J.-J. Rousseau*. Pistoia: Petit plaisance, 2008.

BERNARDI, B.; GUENARD, F.; SILVESTRINI, G. (ed.) *La Religion, la Liberté, la Justice: un Commentaire des Lettres Écrites de la Montagne de Jean-Jacques Rousseau*. Paris: Vrin, 2005.

BONETTI, A. *Antropologia e Teologia in Rousseau. La Professione di Fede del Vicário Savoiardo.* Milão: Vita e Pensiero, 1976.

CULOMA, M. *La Religion Civile de Rousseau à Robespierre*, prefácio de C. Bruschi. Paris: l'Harmattan, 2010.

GATTI, R. *Storie dell'Anima: Le* Confessioni *di Agostino e Rousseau.* Brescia: Morcelliana, 2012.

GOUHIER, H. *Filosofia e Religione in J.-J. Rousseau,* tradução italiana de M. Garin. Roma-Bari: Laterza, 1976.

LEFEBVRE, P. *Les Pouvoirs de la Parole: l'Église et Rousseau (1762-1848).* Paris: CERF, 1992.

LUPORINI, L. *L'Ottimismo di J.-J. Rousseau.* Florença: Sansoni, 1982.

MASSON, P.-M. *La Religion de Jean-Jacques Rousseau.* Paris: Slatkine, 1970, três volumes (reimpressão da edição de 1916).

RIZZI, L. *Liberalismo Etico e Religione Civile in Rousseau.* Milão: FrancoAngeli, 1997.

WATERLOT, G. *Rousseau: Religion et Politique.* Paris: PUF, 2004.

## Rousseau e as ciências

BENSAUDE, B.-V.; BERNARDI, B. (ed.) *Rousseau et le Sciences.* Paris: L'Harmattan, 2003.

MENIN, M. *Il Libro mai Scritto: la Morale Sensitiva di Rousseau.* Bolonha: il Mulino, 2013.

# A pedagogia

BERTAGNA, G. *Dall'Educazione alla Pedagogia. Avvio al Lessico Pedagógico e alle Teorie dell'Educazione.* Brescia: La Scuola, 2010.

CAMBI, F. *Tre Pedagogie di Rousseau: per la Riconquista dell'Uomo-di-natura.* Gênova: il Nuovo Melangolo, 2011.

CEGOLON, C. X. *Maître de Soi: L'Idea di Libertà nel Pensiero Pedagogico di Rousseau.* Brescia: La Scuola, 1984.

FAUCONNIER, G. *Le Vocabulaire pedagogique de J.-J. Rousseau.* Genebra–Paris: Slatkine, 1993.

GAMBRIANI, S. *La Place de Jean-Jacques Rousseau dans la Philosophie Kantienne de l'Éducation.* Paris: Ed. de l'Onde, 2012.

GRANDEROUTE, R. *Le Roman Pédagogique de Fenelon a Rousseau.* Genebra–Paris: Slatkine, 1985.

HABIB, C. (ed.) *Éduquer Selon la Nature: Seize Études sur l'*Émile *de Rousseau.* Paris: Desjonqueres, 2012.

HOUSSAYE, J. (ed.) *Quinze Pédagogues: Textes Choisis. Rousseau, Pestalozzi, Fröbel...* Paris: Colin, 1995.

MINICHIELLO, G. *Autobiografia e Pedagogia. Il Racconto di sé da Rousseau e Kafka.* Brescia: La Scuola, 2000.

POTESTIO, A. *Un Altro* Émile. *Rilettura di Rousseau.* Brescia: La Scuola, 2013.

RAVIER, A. *L'Éducation de L'Homme Nouveau.* Issoudun: Spes, 1941.

TERRASSE, J. (ed.) *Rousseau et l'Éducation: Études sur l'*Émile. Sherbooke: Naaman, 1984.

TROMBINO, M. (ed.) *L'*Emilio *di Rousseau e il Problema della sua Interpretazione tra '800 e '900.* Turim: Paravia, 1991.

VARGAS, Y. *Introduction à l'*Émile *de Jean-Jacques Rousseau.* Paris: PUF, 1995.

# A autobiografia

BONHÔTE, N. *Jean-Jacques Rousseau: Vision de l'Histoire et Autobiographie: Étude de Sociologie de la Littérature.* Paris: L'Âge de l'Homme, 1993.

CROGIEZ-LABARTHE, M. *Solitude et Méditation*: *Étude sur les Rêveries de Jean-Jacques Rousseau.* Paris: Champion, 1997.

DAVIS, M. *The Autobiography of Philosophy: Rousseau's The Reveries of the Solitary Walker.* Oxford: Rowman & Littlefield, 1999.

GATTI, R. *Storie dell'Anima: le Confessioni di Agostino e Rousseau.* Brescia: Morcelliana, 2012.

KOSHI, M. *Les Images de Soi Chez Rousseau: L'Autobiographie Comme Politique.* Paris: Garnier, 2011.

MEIER, H. *Les Rêveries du Promeneur Solitaire: Rousseau über das Philosophische Leben.* Munique: Carl Friedrich von Siemens Stifung, 2010.

OGRODNICK, M. *Instinct and Intimacy: Political Philosophy and Autobiography in Rousseau.* Toronto: University of Toronto Press, 1999.

PERRIN, J. F. *Politique du Renonçant. Le Dernier Rousseau des Dialogues aux Rêveries.* Paris: Kimé, 2011.

RAYMOND, M. *Jean-Jacques Rousseau: la Quête de Soi et la Rêverie.* Paris: J. Corti, 1986.

RILEY, P. *Character and Conversion in Autobiography: Augustine, Montaigne, Descartes, Rousseau, and Sartre.* Charlottesville: University of Virginia Press, 2004.

TRIPET, A. *La Rêverie Littéraire. Essai sur Rousseau.* Genebra: Droz, 1979.

## Webgrafia resumida

* iep.utm.edu/rousseau/
* ildiogene.it/EncyPages/Ency=Rousseau.html
* sjjr.ch/jean-jacques-rousseau
* museejjrousseau.montorency.fr/fr/bibliotheque-d-etu-des-rousseauiestes
* gallica.bnf.fr/Search?ArianeWireIndex=index&p=1&lang=FR&q=rousseau

# Índice onomástico

# A

Alexeieff, A. S. – 15

Althusser, L. – 168, 169

Arendt, H. – 182, 183

Aristóteles – 32, 70, 182

# B

Babeuf, F.-N. – 163

Bakunin, M. A. – 164

Bausola, A. – 25

Beaumont, C. de – 16, 77, 125, 141

Berlin, I. – 179, 180, 181, 182

Blanc, L. – 163

Blanqui, A. – 163

Bobbio, N. – 155, 181

Bonald, L. de – 159

Bordes, C. – 13

Bossuet, J. B. – 11

Bovero, M. – 181

Bravo, G. M. – 164

Buda (Siddhartha Gautama) – 170

Burke, E. – 158

Buttafuoco, M. – 17, 115, 63

## C

Cabanis, P. J. G. – 161

Cacciari, M. – 176

Cafiero, L. – 73

Candaux, J.-D. – 62

Cartesio, R. – 183

Cassirer, E. – 174, 175

Castrucci, E. – 174

Cerroni, U. – 157, 166

Cicero, V. – 67

Colletti, L. – 166

Condillac, É. B. de – 12, 36

Cotta, S. – 60

Cusano, N. – 25

## D

D'Alembert, J. B. le Rond – 13, 15, 67

D'Amico, M. G. – 67

D'Épinay, Mme. – 14
(L. F. P. Tardieu d'Esclavelles)

D'Houdetot, condessa – 15
(E. F. S. Lalive de Bellegarde)

Dalmasso, G. – 37

Darnton, R. – 174

De Buffon, conde (G.-L. Leclerc) – 35

De Staël, Mme. – 161
(A.-L. G. Necker, baronesa de Staël-Holstein)

De Volney, conde – 161
(C.-F. Chasseboeuf de La Giraudais)

De Warens, Mme. (L.-É. Delatour Depil) – 11, 12, 16, 111

Del Noce, A. – 176

Della Volpe, G. – 165, 166

Derathé, R. – 15, 48

Derrida, J. – 37

Destutt de Tracy, A.-L.-C. – 161

Diderot, D. – 12, 15, 21

Dreyfus-Brisac, E. – 15

Du Peyrou, P.-A. – 15

# E

Engels, F. – 164, 165, 168

Evola, J. – 171

# F

Fabre, J. – 64

Ferrara, A. – 179

Ferrara degli Uberti, G. – 184

Ferri, F. – 165

Fichte, J. G. – 160

Firpo, L. – 155

Fontenelle, B. (le Bovier de) – 11, 12

# G

Gagnebin, B. – 11, 24

Garin, E. – 35

Garin, M. – 35

Gentile, G. – 37, 167, 168

Gerdil, G. S. – 153

Gerratana, V. – 166, 167

Giametta, S. – 171
Goodwin, W. – 164
Gramsci, A. – 167
Grimm, F.-M. – 13, 15
Grozio, U. – 159

# H

Habermas, J. – 185
Haller, C. L. von – 159
Hayek, F. von – 178
Hazard, P. – 169
Hebbel, C. F. – 170
Helvétius, C.-A. – 158
Heródoto – 59
Hitler, A. – 173, 181
Hobbes, T. – 39, 40, 49, 55, 68, 131, 132, 159, 182
Hume, D. – 17

# I

Ibsen, H. – 170
Illuminati, A. – 169
Izzo Agnetti, M. L. – 156

# J

Jesus – 103, 104

# K

Kant, I. – 154, 155, 156, 181, 185

Kelsen, H. – 177, 178, 180

Koyrè, A. – 73

# L

La Bruyère, J. de – 11

La Rochefoucauld, F. de – 23

Lamy, B. – 12

Le Maître, J. – 12

Lecaldano, E. – 163

Lecat, C.-N. – 13

Leibniz, G. F. – 12

Lênin (pseudônimo de V. Ilitch Ulianov) – 173, 183

Leszczynski, S. – 13, 26

Levasseur, T. – 13

Licurgo – 66

Liverani, B. – 174

Locke, J. – 12, 49, 55, 67, 78, 105, 107, 108, 182

Lombardo-Radice, G. – 167

Löwith, K. – 153, 172, 173

Lutero, M. – 183

# M

Maffettone, S. – 185

Magrini, M. – 183

Maine de Biran, M.-F-P. Gonthier – 161

Maistre, J. de – 159

Malebranche, N. – 12

Marini, G. – 161

Maritain, J. – 183, 184

Marivaux, P. de – 12

Martelloni, A. – 158

Marx, K. – 44, 51, 164, 165, 166, 173

Mathieu, V. – 155

Matteucci, N. – 163

Melloni, G. – 178

Merker, N. – 166

Merlino, F. S. – 164

Mill, J. S. – 162, 163

Mistretta, E. – 163

Moisés – 66

Molière (pseudônimo de J.-B. Poquelin) – 11

Monateri, P. G. – 179

Mondolfo, R. – 167

Montaigne, M. de – 23, 32

Montaigu, P.-F. – 12

Montesquieu, C.-L. de Secondat – 59, 146, 163
(barão de La Bède e de Montesquieu)

Monti Bragadin, S. – 179

Morfino, V. – 169

Mussolini, B. – 173, 181

# N

Nejrotti, M. – 164

Nicole, P. – 23

Nietzsche, F. W. – 170, 171, 172, 173

Numa – 66

# P

Paoletti, G. – 162

Paoli, P. – 64

Pascal, B. – 23, 73, 74, 106, 128, 164

Pavan, A. – 183

Pavetto, R. – 179

Pestalozzi, J. H. – 167

Petroni, A. – 179

Pierri, N. – 182

Platão – 64, 70, 71, 120, 182

Plutarco – 11, 70, 110

Popper, K. R. – 179

Portinaro, P. P. – 162

Proudhon, J. – 164

# R

Rawls, J. – 184

Raymond, M. – 11, 24

Raynal, G.-T. – 13

Rini, R. – 184

Robespierre, M. – 153, 157, 173, 181, 183

Rossi, P. – 173

Royer, C. A. – 164

# S

Saint-Pierre, B. – 12, 14, 16, 17, 75, 154

Sancipriano, M. – 159

Santambrogio, M. – 179

Santini, U. – 185

Schiera, P. – 173

Schmitt, C. – 173, 174, 177

Schopenhauer, A. – 170

Sócrates – 25, 103, 104, 170

Solari, G. – 155

Sólon – 66

Spengler, O. – 169, 170, 172

Stálin (pseudônimo de I.V. Djugashvili) – 173, 183

Starobinski J. – 37, 175

Stelling-Michaud, S. – 64

Strauss, L. – 182

Streckeisen-Moultou, G. – 17, 64

Strindberg, A. – 170

# T

Talmon, J. – 156

Tapella, R. – 25

Taylor, C. – 184

Tedeschi Negri, F. – 173

Tenenbaum, K. – 154

Tocqueville, A. de – 163

Togliatti, P. – 165

Tomás de Aquino – 182, 16, 62, 115

Tronchin, J.-R. – 16, 62, 115

# V

Vercellis, T. de – 11

Viano, G. – 36

Vidari, G. – 155

Vítor Amadeu II – 93

Volpi, F. —— 174

Voltaire (pseudônimo de F. M. Arouet) – 15, 16, 35, 153, 158

# W

Wagner, R. – 170

Wielhorski, M. – 64, 115

# Z

Zorzi, E. – 183

Esta obra foi composta em CTcP
Capa: Supremo 250g – Miolo: Pólen Soft 80g
Impressão e acabamento
**Gráfica e Editora Santuário**